T0243314

SAMHAIM

Los ocho Sabbats

SAMHAIN

Una completa guía para la celebración de Halloween

Diana Rajchel

Traducción de Miguel Trujillo Fernández

Translated from *Samhain: Rituals, Recipes & Lore for Halloween*
© 2015, Diana Rajchel
Published by Lewellyn Publications
Woodbury, MN, 55125, USA
www.lewellyn.com

© Diana Rajchel, 2022
© Traducción: Miguel Trujillo Fernández
© Editorial Almuzara, s. l., 2022

Primera edición: octubre, 2022

Editorial Arcopress • Colección Los ocho sabbats
Edición: Pilar Pimentel
Corrección y maquetación: Helena Montané

www.arcopress.com
Síguenos en @ArcopressLibros

Editorial Almuzara
Parque Logístico de Córdoba. Ctra. Palma del Río, km 4
C/8, Nave L2, nº 3, 14005 - Córdoba

Imprime: Romanyà Valls
ISBN: 978-84-11312-41-7
Depósito Legal: CO-1541-2022
Hecho e impreso en España - *Made and printed in Spain*

Índice

...ercement and transformation, revenge, beginnings, endings, cha...

...tion, wisdom, survival, preservation, hunting, other worlds, ...

...release from old bonds, road openings, fire, protection, run...

...scorpio, sun sign of scorpio, dark moon, pleiades at highest...

...midnight, the crone, the grieving mother, the grieving wife, t...

...Persephone and Hades, Ereshkigal, Osiris, Janus, Cerr...

...nos, the Daghda, Hecate, Dis Pater, Hel, Inanna, Is...

...Lilith, Macha, Mari, the Morrigan, Osiris, Isis, Pa...

...annon, Samana, Teutates, Taranis, the Horned God, the...

...nge, brown, yellow, grey, green, cedar, dittany of crete, sage...

..., wheat, rye, pumpkins, hazel, hemlock, chrysanthemum, cal...

...nld, jet, obsidian, onyx, carnelian, moonstone, iron, black ca...

...ots, ravens, decaying leaves, myrrh, copal, death, wheel of fo...

...priestess, cauldron, mask, besom, apple, pumpkin, fermented...

..., pickled eggs, pickled beets, roasted nuts, raw nuts, apple...

...d, divination, soul cakes, sugar skulls, jack-o-lanterns, tur...

...ling, seances, scrying, bonfires, trick-or-treating, mummer's...

...ff gravesites, delicate memorials, visit nursing homes, southe...

...n gaef, calan gaef, gealach a mudhain, calan gaef, halo-ga...

LOS OCHO SABBATS

La colección *Los ocho sabbats* proporciona instrucciones e inspiración para honrar cada uno de los sabbats de la brujería moderna. Cada título de esta serie de ocho volúmenes está repleto de hechizos, rituales, meditaciones, historia, sabiduría popular, invocaciones, adivinaciones, recetas, artesanía y mucho más. Son libros que exploran tanto las tradiciones antiguas como las modernas, a la hora de celebrar los ritos estacionales, que son las verdaderas piedras angulares del año de la bruja.

Hoy en día, los wiccanos y muchos neopaganos (paganos modernos) celebran ocho sabbats, es decir, festividades; ocho días sagrados que juntos componen lo que se conoce como la Rueda del Año, o el ciclo de los sabbats. Cada uno de los cuales se corresponde con un punto de inflexión importante en el viaje anual de la naturaleza a través de las estaciones.

Dedicar nuestra atención a la Rueda del Año nos permite sintonizar mejor con los ciclos energéticos de la naturaleza y escuchar lo que esta nos está susurrando (¡o gritando!), en lugar de ir en contra de las mareas estacionales. ¿Qué mejor momento para el comienzo de nuevos proyectos que la primavera, cuando la tierra vuelve a despertar después de un largo invierno y, de pronto, todo comienza a florecer, a crecer y a brotar del suelo otra vez? Y, ¿acaso hay una mejor ocasión para meditar y planificar que durante el letargo introspectivo del invierno? Con la colección *Los ocho sabbats* aprenderás a centrarte en los aspectos espirituales de la Rueda del Año, a cómo transitar por ella en armonía, y celebrar tu propio crecimiento y tus logros. Tal vez, este sea tu primer libro sobre Wicca, brujería o paganismo, o la incorporación más reciente a una librería (digital o física) ya repleta de conocimiento mágico. En cualquier caso, esperamos que encuentres aquí algo de valor que puedas llevarte contigo en tu viaje.

Haz un viaje a través de la Rueda del Año

Cada uno de los ocho sabbats marca un punto importante de los ciclos anuales de la naturaleza. Se representan como ocho radios situados de forma equidistante en una rueda que representa el año completo; las fechas en las que caen también están situadas de forma casi equidistante en el calendario.

La Rueda está compuesta por dos grupos, cada uno de cuatro festividades. Hay cuatro festivales solares relacionados con la posición del sol en el cielo, que dividen el año en cuartos: el equinoccio de primavera, el solsticio de verano, el equinoccio de otoño y el solsticio de invierno. Todos ellos se fechan de forma astronómica y, por lo tanto, varían ligeramente de un año a otro.

Rueda del Año - hemisferio norte
(Todas las fechas de los solsticios y los equinoccios son aproxi-
madas, y habría que consultar un almanaque o un calenda-
rio para averiguar las fechas correctas de cada año)

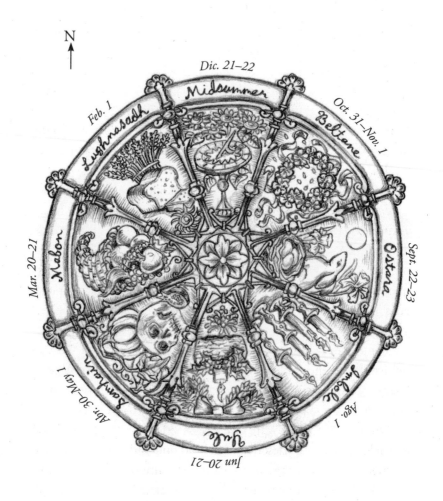

N

Dic. 21–22

Feb. 1

Oct. 31–Nov. 1

Mar. 20–21

Sept. 22–23

Abr. 30–May 1

Ago. 1

Jun 20–21

Rueda del Año - hemisferio sur

Entre estas festividades se encuentran las festividades de mitad del cuarto, o festivales del fuego: Imbolc, Beltane, Lughnasadh y Samhain. Las festividades estacionales a veces se conocen como Sabbats menores, y las de mitad de estación como Sabbats mayores, aunque ningún ciclo es «superior» a otro. En el hemisferio sur, las estaciones son opuestas a las del hemisferio norte y, por lo tanto, los sabbats se celebran en fechas diferentes.

Aunque el libro que estás leyendo se centra solo en el Samhain, puede resultar útil saber cómo encaja dentro del ciclo en su totalidad.

El solsticio de invierno, también conocido como Yule o festividad de mitad del invierno, tiene lugar cuando la noche ha alcanzado su duración máxima; después de este, la duración de los días comenzará a incrementarse. Aunque la fría oscuridad está sobre nosotros, ya se aviva la esperanza de los días más luminosos que están por llegar. En la tradición wiccana, este es el momento en el que nace el joven dios solar. En algunas tradiciones neopaganas, este es el momento en el que el Rey del Acebo está destinado a perder la batalla contra su hermano más luminoso, el Rey del Roble. Se encienden velas, se degustan manjares, y se traen a la casa plantas perennes como recordatorio de que, a pesar de la crudeza del invierno, la luz y la vida siempre prevalecen.

Durante el Imbolc (que también se puede escribir «Imbolg»), el suelo empieza a descongelarse, lo que indica que ya es el momento de comenzar a preparar los campos para la temporada de sembrado que se aproxima. Comenzamos a despertar de nuestros meses de introspección y empezamos a organizar lo que hemos aprendido durante ese tiempo, además de dar los primeros pasos para hacer planes de cara al futuro. Algunos wiccanos también bendicen velas durante el Imbolc, otra forma simbólica de invocar a la luz, que ahora es ya perceptiblemente más fuerte.

En el equinoccio de primavera, también conocido como Ostara, la noche y el día vuelven a tener la misma duración y, a partir de entonces, los días comenzarán a ser más largos que las noches. El equinoccio de primavera es un momento de renovación, de plantar semillas ahora que la tierra ha vuelto a la vida una vez más. Decoramos huevos como símbolo de esperanza, vida y fertilidad, y realizamos rituales para cargarnos de energía con la que poder encontrar el poder y la pasión para vivir y crecer.

En las sociedades agrícolas, el Beltane señalaba el comienzo del verano. Se sacaba al ganado a pastar en abundantes prados, y los árboles se llenaban de flores hermosas y fragantes. Se realizaban rituales para proteger las cosechas, el ganado y la gente. Se encendían fuegos y se hacían ofrendas con la esperanza de conseguir la protección divina. En la mitología wiccana, el dios joven fecundaba a la diosa joven. Todos tenemos algo que queremos cosechar para cuando acabe el año, planes que estamos decididos a cumplir, y el Beltane es un momento estupendo para poner en marcha ese proceso de forma entusiasta.

El solsticio de verano es el día más largo del año. También se llama Litha, la festividad de mitad del verano. Las energías del sol están en su cúspide, y el poder de la naturaleza se encuentra en su punto más álgido. En la tradición wiccana, este es el momento en el que el dios solar es más fuerte que nunca (de modo que, de forma paradójica, su poder ya solo puede comenzar a disminuir) tras haber fecundado a la diosa doncella, que se transforma entonces en la madre tierra. En algunas tradiciones neopaganas es aquí cuando el Rey del Acebo vuelve a enfrentarse a su aspecto más luminoso, y, en esta ocasión, vence al Rey del Roble. Por lo general, se trata de un momento de grandes alegrías y celebraciones.

En el Lughnasadh, la cosecha principal del verano ya ha madurado. Realizamos celebraciones, participamos en juegos, expresamos la gratitud que sentimos y disfrutamos de los festines que preparamos. También se conoce como Lammas, y es el momento en el que celebramos la primera cosecha; ya sea relativa a los cultivos que hemos plantado o los frutos que han dado nuestros primeros proyectos. Para celebrar la cosecha de grano, a menudo se hornea pan durante este día.

El equinoccio de otoño, también conocido como Mabon, señala otro importante cambio estacional y una segunda cosecha. El sol brilla por igual en ambos hemisferios, y la duración de la noche y del día es la misma. Después de este momento, las noches comenzarán a ganar terreno a los días. En conexión con la cosecha, este día se celebra un festival de sacrificio al dios moribundo, y se paga un tributo al sol y a la tierra fértil.

Para el pueblo celta, el Samhain señalaba el comienzo de la estación del invierno. Este era el momento en el que se sacrificaba al ganado y se recogía la cosecha final antes de la inevitable caída a las profundidades de la oscuridad del invierno. Se encendían fuegos para guiar en su camino a los espíritus errantes, y se hacían ofrendas en nombre de los dioses y de los antepasados. El Samhain se veía como un comienzo, y hoy en día se suele considerar el Año Nuevo de las brujas. Honramos a nuestros antepasados, reducimos nuestras actividades, y nos preparamos para los meses de introspección que están por delante... y el ciclo continúa.

La relación del pagano moderno con la Rueda

El paganismo moderno se inspira en muchas tradiciones espirituales precristianas, lo cual queda ejemplificado en la Rueda del Año. El ciclo de los ocho festivales que reconocemos a través del paganismo moderno nunca se celebró por completo en ninguna cultura precristiana en particular. En los años cuarenta y cincuenta, un hombre británico, llamado Gerald Gardner, creó la nueva religión de la Wicca mezclando elementos de una variedad de culturas y tradiciones, a través de la adaptación de prácticas de religiones precristianas, creencias animistas, magia popular y distintas disciplinas chamánicas y órdenes esotéricas. Combinó las tradiciones multiculturales de los equinoccios y los solsticios con los días festivos celtas y las primeras celebraciones agrícolas y pastorales de Europa para crear un modelo único que se convirtió en el marco del año ritual de la Wicca.

Los wiccanos y las brujas, así como muchos paganos eclécticos de diversa índole, siguen de forma popular el año ritual wiccano. Algunos paganos tan solo celebran la mitad de los sabbats, ya sean los de los cuartos o los que se sitúan en mitad del cuarto. Otros paganos rechazan la Rueda del Año en su totalidad y siguen un calendario de festivales basado en la cultura del camino específico que sigan, en lugar de un ciclo agrario basado en la naturaleza. Todos tenemos unos caminos tan singulares en el paganismo que es importante no dar por hecho que el camino de los demás será el mismo que el nuestro; mantener una actitud abierta y positiva es lo que hace prosperar a la comunidad pagana.

Muchos paganos adaptan la Rueda del Año a su propio entorno. La Wicca ha crecido hasta convertirse en una auténtica religión global, pero pocos de nosotros vivimos en un clima que refleje los orígenes de la Wicca en las islas británicas. Aunque tradicionalmente el Imbolc es el comienzo del deshielo y el despertar de la tierra, puede ser el punto más álgido del invierno en muchos climas del norte. Y, aunque el Lammas pueda ser una celebración de agradecimiento por la cosecha para algunos, en áreas propensas a las sequías y a los fuegos forestales puede ser una época del año peligrosa e incierta.

También hay que tener en cuenta los dos hemisferios. Cuando es invierno en el hemisferio norte, es verano en el hemisferio sur. Mientras los paganos de América del Norte están celebrando el Yule y el Solsticio de Invierno, los paganos de Australia celebran el festival de mitad del verano. Las propias experiencias vitales del practicante son más importantes que cualquier dogma escrito en un libro cuando se trata de celebrar los sabbats.

En línea con ese espíritu, tal vez desees retrasar o adelantar las celebraciones, de modo que sus correspondencias estacionales encajen mejor con tu propio entorno, o puede que quieras enfatizar distintos temas para cada sabbat según tus propias experiencias. Esta serie de libros debería ayudarte a que dichas opciones te resulten fáciles y accesibles.

Sin importar el lugar del globo en el que vivas, ya sea en un entorno urbano, rural o suburbano, puedes adaptar las tradiciones y las prácticas de los sabbats de modo que encajen con tu propia vida y con tu entorno. La naturaleza nos rodea por todas partes; por mucho que los seres humanos intentáramos aislarnos de los ciclos de la naturaleza, estos cambios estacionales recurrentes son ineludibles. En lugar de nadar contracorriente, muchos paganos modernos abrazamos las energías únicas que hay en cada estación, ya sean oscuras, luminosas o algo intermedio, e integramos esas energías en los aspectos de nuestra propia vida diaria.

La serie de *Los ocho sabbats* te ofrece toda la información que necesitas para hacer precisamente eso. Cada libro será parecido al que tienes ahora entre las manos. El primer capítulo, *Las tradiciones antiguas,* comparte la historia y la sabiduría que se han ido transmitiendo desde la mitología y las tradiciones precristianas, hasta cualquier vestigio que todavía quede patente en la vida moderna. *Las tradiciones modernas* abordan esos temas y elementos y los traducen a las formas bajo las que muchos paganos modernos festejan y celebran cada sabbat. El siguiente capítulo se centra en *Hechizos y adivinación*; se trata de fórmulas apropiadas para la estación y basadas en la tradición popular, mientras que el siguiente, *Recetas y artesanía,* te ofrece ideas para decorar tu hogar y hacer artesanía y recetas que aprovechen las ofrendas estacionales. El capítulo *Oraciones e invocaciones* te proporciona llamamientos y oraciones, ya preparados, que puedes emplear en rituales, meditaciones o en tu propia introspección. El capítulo de los *Rituales de celebración* te proporciona tres rituales completos: uno para realizar en solitario, otro para dos personas, y otro para un grupo completo, como un aquelarre, círculo o agrupación. Siéntete libre de adaptar todos los rituales o alguno de ellos a tus propias necesidades, sustituyendo tus propias ofrendas, llamamientos, invocaciones, hechizos mágicos y demás.

Cuando planees un ritual en grupo, trata de prestar atención a cualquier necesidad especial que puedan tener los participantes. Hay muchos libros maravillosos disponibles que se adentran en los detalles específicos de hacer los rituales más accesibles si no tienes experiencia en este ámbito. Por último, en la parte final de cada título encontrarás una lista completa de correspondencias para la festividad, desde los temas mágicos y las deidades hasta comidas, colores, símbolos y más.

Para cuando termines este libro, tendrás la inspiración y los conocimientos necesarios para celebrar el sabbat con entusiasmo. Honrando la Rueda del Año reafirmamos nuestra conexión con la naturaleza de modo que, mientras continúa con sus ciclos infinitos, seamos capaces de dejarnos llevar por la corriente y disfrutar del trayecto.

LAS TRADICIONES
ANTIGUAS

...ation, wisdom, survival, preservation, hunting, other worlds,

...release from old bonds, road openings, fire, protection...

...scorpio, sun sign of scorpio, dark moon, pleiades at highe...

...midnight, the crone, the grieving mother, the grieving wife, ...

...Persephone and Hades, Ereshkigal, Osiris, Janus, Cer...

...nnos, the Daghda, Hecate, Dis Pater, Hel, Inanna, ...

...Lilith, Macha, Mare, the Morrigan, Osiris, Isis, ...

...annon, Samana, Teutates, Taranis, the Horned God, th...

...nge-brown, yellow, grey, green, cedar, dittany of crete, sag...

...wheat, rye, pumpkins, hazel, hemlock, chrysanthemum, ...

...old, jet, obsidian, onyx, carnelian, moonstone, iron, black ...

...osts, ravens, decaying leaves, myrrh, copal, death, wheel of ...

...priestess, cauldron, mask, besom, apple, pumpkin, fermented...

...t, pickled eggs, pickled beets, roasted nuts, rose nuts, appl...

...l, divination, soul cakes, sugar skulls, jack-o-lanterns, ...

...lling, seances, scrying, bonfires, trick-or-treating, mummer...

...ff gravesites, dedicate memorials, visit nursing homes, send...

...n gaef, calan gaef, gealach a mmadhain, calan gaef, halo...

En el Samhain, el círculo del año ha llegado hasta el radio final de la Rueda. En este momento, la cosecha ya ha finalizado, el dios moribundo ha sido enterrado, y la diosa ha descendido hasta el inframundo para estar con su amado. En la superficie, su gente se prepara para que el velo entre los mundos se vuelva más fino; los ancestros muertos van a venir de visita y, con las herramientas de la cosecha ya guardadas, hay un nuevo año en el que pensar, recursos que gestionar, despedidas que hacer y planes que realizar. Mientras tanto, la tierra ahora yerma da paso al dominio de la Anciana.

En algunos climas, octubre es una época triste y hermosa. Las hojas de otoño cubren el suelo como sangre fresca, dejando los árboles desnudos. La hierba se oscurece y pasa del verde al marrón, y las mañanas se cubren de escarcha blanca. Las temperaturas son más frías, y nos obligan a pasar cada vez más tiempo en el interior y, gracias a que nuestra despensa está llena con lo que hemos cosechado, tenemos un poco más de tiempo para recordar a nuestros seres queridos que ya no están con nosotros. Muchos paganos creen que un velo parecido a una membrana separa el mundo de los espíritus del mundo físico, y que es más fino que nunca a finales del otoño. Hay cosas que pueden atravesar esa membrana. Esas cosas pueden ser espíritus, hadas o incluso los fallecidos que tanto deseamos volver a ver de nuevo. Este velo también hace que la temporada del Samhain sea ideal para la magia y la adivinación.

Halloween coincide con el Samhain. Por consiguiente, muchos paganos ven Halloween como la mitad de toda la celebración. Esta época de disfraces, festividades e inversión social viene de las mismas raíces tradicionales. El Samhain es serio y está lleno de amor (la abuela podría venir de visita), mientras que Halloween libera nuestro salvajismo reprimido. Muchos paganos veneran tanto los ciclos agrícolas como los procesos de la naturaleza, y esta dicotomía se manifiesta en esta celebración a veces dual. Tanto lo reverente como lo absurdo tienen su lugar durante el 31 de octubre.

La palabra *Samhain* es gaélica, y normalmente se pronuncia como «sáugüin». La mayoría de los hablantes de gaélico la traducen como «final del verano». A principios de siglo XX, algunos eruditos apuntaban que el nombre de la festividad venía de la palabra *samhtheine*, que significa «fuego de la paz» (MacLean). Los celtas modernos y los paganos druidas podrían tener también varios nombres diferentes para este día, dependiendo del origen de sus raíces celtas. Los galeses podrían llamarlo *Calan Gaeaf* (o *Nos Calan Gaeaf*), y los maneses, *Oie Houney* o *Hop-tu-naa*. Las tradiciones galesas, escocesas e irlandesas a menudo consistían en asegurarse de que el hogar obtuviera protección durante el invierno. Los maneses veían (y todavía ven) el *Oie Houney* como la celebración del nuevo año. No son exactamente la misma festividad que el Samhain, pero tal vez en este momento del año en el que el velo es tan fino, la división del significado y las prácticas entre diferentes culturas sea también muy fina. Para los paganos populares modernos, todos estos festivales antiguos y todavía con vida enriquecen el significado de sus propias celebraciones.

El Festival del Fuego

Para los antiguos celtas, el Samhain señalaba el más importante de los cuatro festivales del fuego celtas. Situado a medio camino entre un equinoccio y un solsticio, es uno de los cuatro festivales de mitad del cuarto. Cada año, durante la primera helada después de la luna llena de octubre, las familias permitían que los fuegos de sus hogares se extinguieran. En ese momento, traían de vuelta a los rebaños que estaban pastando y terminaban de recoger la cosecha.

Después de que los fuegos murieran, se reunían con el resto de su tribu para observar a los sacerdotes druidas que volvían a encender el fuego sagrado de la comunidad mediante la fricción. Los sacerdotes inducían la fricción mediante una rueda y un huso: la rueda, que representaba al sol, giraba de este a oeste y provocaba chispas. En este momento, hacían oraciones y ofrendas o sacrificios relacionados con sus necesidades. Salía el *Cromcruach,* que se trataba de un emblema del sol —los académicos no están seguros de si representa a un dios pagano o un aspecto de la naturaleza, personificado en una columna de piedra—.

Los aldeanos dejaban ofrendas de comida en los límites de la aldea para los espíritus errantes y los seres feéricos. También se sacrificaba una oveja negra, una cerda negra o una vaca. Al final, cada persona regresaba a su hogar con un hierro encendido con el fuego sagrado, que utilizaban para volver a encender sus propios fuegos y después para encender hogueras o para colocar antorchas en los límites de sus campos. Estas personas antiguas consideraban que era un pecado volver a encender el fuego de su hogar de cualquier otra manera.

Para los antiguos celtas, el Samhain señalaba la finalización de la cosecha y los invitaba a dedicar sus energías a prepararse para el invierno que estaba por llegar. También anunciaba el día en el que sus ancestros acudirían de visita, acompañados, a través del paso al otro lado del velo, por toda clase de criaturas, tanto buenas como malas, que se movían libremente por el mundo mortal durante la noche del Samhain. Dado que los seres feéricos, a los que más adelante se unieron las brujas, a menudo eran hostiles, los celtas se vestían como animales u otras criaturas temibles, con el objetivo de atemorizarlos e impedir que los secuestraran.

La influencia cristiana

Cuando el cristianismo se extendió por Europa, los oficiales de la Iglesia se dedicaban a convertir a los paganos de la zona adaptando sus festividades. En ocasiones, lo hacían sustituyendo sus fiestas por otras en un momento diferente del año. Otras veces, simplemente renombraban la antigua festividad pagana con el día de un santo. En el siglo V, el Papa Bonifacio I trató de readaptar el antiguo ritual de honrar a los espíritus de otro mundo y a los muertos, y lo convirtió en un día para honrar a los santos y a los mártires, y movió la festividad al 13 de mayo.

Como los festivales del fuego de finales de octubre y principios de noviembre continuaron de todos modos, el papa Gregorio IV decidió en el siglo IX mover otra vez el día de los santos y los mártires al mismo día que el festival profano de los muertos. En el caso del Samhain, en vez de invalidar el festival de los muertos, la Iglesia optó por transformarlo y declaró el 1 de noviembre como el Día de Todos los Santos, también conocido como el Día de los Fieles Difuntos. Más tarde, la Iglesia pasó el Día de los Fieles Difuntos al 2 de noviembre, posiblemente porque el Día de Todos los Santos no había logrado reemplazar a los rituales paganos.

Con el tiempo, tanto el Día de Todos los Santos como el Día de los Fieles Difuntos se convirtieron en festividades diferentes por sí mismas, pues el Día de Todos los Santos se convirtió en una conmemoración de las almas que se creía que ya habían ascendido al cielo, mientras que el Día de los Fieles Difuntos era un día para honrar a las almas que todavía podrían estar resolviendo algún problema en el purgatorio. En Irlanda, estos días señalaban un momento de reuniones familiares después de que terminara la temporada de ordeñar a las vacas. Con el tiempo, la noche antes del 1 de noviembre, conocida, entre muchos otros nombres, como *Hallowe'en*, *All Hallows's Eve* (Víspera de Todos los Santos) o *Hallowmas*, acabó englobando a muchas de las prácticas paganas originales.

La exportación de Halloween

Cuando los protestantes del Úlster (Irlanda) se asentaron en los Estados Unidos en el siglo XIX, se llevaron con ellos sus propias tradiciones de Samhain/Halloween. Hacían fiestas, juegos y desfiles de máscaras, y sus vecinos no irlandeses se unían a las celebraciones. Los demás colonizadores adoptaron, sobre todo, la tradición de la fiesta y los juegos para niños. Los hijos mayores y los adultos jóvenes podían asistir a estas fiestas como parte de las prácticas de cortejo locales.

En los años 30, la tradición de gastar bromas en Halloween se convirtió en un problema significativo y caro en muchas comunidades norteamericanas. Para 1950, la mayoría de las ciudades tenían alguna clase de evento de truco o trato como forma de distraer a los alborotadores.

Halloween se puso de moda en los Estados Unidos como evento comercial alrededor del año 1970, cuando dejó de ser solo una festividad para entretener a los niños y se convirtió en una festividad pagana para todo el mundo. La comunidad LGBT de Nueva York adoptó la festividad como un día para celebrar su «verdadero yo», los estudiantes universitarios comenzaron a realizar fiestas de disfraces y eventos de gamberradas, y las empresas comenzaron a producir caramelos envueltos en papel y elementos decorativos para las casas.

Mientras Halloween ganaba en popularidad y controversia en los Estados Unidos, algunos cristianos, conscientes de sus orígenes paganos, se opusieron arduamente a la expansión de la celebración de la festividad. En especial, la gente de entornos rurales que se refería a Halloween con el término despectivo de «noche de los mendigos», pues lo veían como un acto de mendigueo de puerta en puerta, a veces con extorsión. La tradición de las bromas que se practica actualmente, por lo general, no consiste más que en destrucción, sin ningún mérito por parte de los vándalos y muy cara para las víctimas.

La reafirmación del Samhain

En realidad, el Samhain cambió de rostro, pero no desapareció. Para 1980, el movimiento pagano de Norteamérica y el movimiento wiccano y de brujas tradicionales del Reino Unido crecieron, y más gente comenzó a practicar celebraciones serias y solemnes el 31 de octubre o durante la luna llena más cercana a ese día. Muchas personas en el Reino Unido realmente nunca dejaron de practicar las antiguas tradiciones del Samhain, arraigadas como estaban en la cultura tradicional de sus comunidades. Los paganos que ahora celebran la festividad suelen practicar versiones modernizadas que incluyen películas de terror, el truco o trato y el tallado de calabazas. Otros prefieren hacer una conmemoración solemne. Muchas tradiciones específicas del paganismo también pueden tener sus propias prácticas prescritas para este día.

El velo se vuelve fino durante el Samhain, y esa línea tan estrecha y difusa entre lo terrenal y lo espiritual ganó relevancia en las antiguas prácticas medievales del Samhain y ha continuado vigente en otras más modernas. Al final, muchas de las prácticas de esta festividad que parecen paganas están en realidad basadas en las tradiciones cristianas, como el truco o trato, mientras que las prácticas aparentemente cristianas, como honrar a los muertos, tienen una conexión más profunda con la antigua tradición pagana. Muchas de estas prácticas antiguas tan profundamente arraigadas también hacen su aparición, a veces de nuevas formas, en la tradición pagana moderna.

Luces nocturnas

El festival celta del fuego adquirió nuevas expresiones en la Edad Media, algunas de las cuales todavía se siguen practicando en la actualidad. Por ejemplo, en Gales y las Tierras Altas de Escocia, los sirvientes y los varones a partir de los ocho años y hasta la adolescencia acudían a una hoguera que se encendía en la calle principal de la aldea, prendían antorchas y corrían hacia los campos y las granjas para plantar las antorchas en los límites de sus propiedades. Las familias y las comunidades a veces también construían hogueras en las colinas más cercanas a sus granjas. Esas hogueras, conocidas como *samghnagans*, daban comienzo a los rituales de la tierra de esas noches. Según los galeses, la intención era espantar a las hadas. En años posteriores, decían que protegían sus granjas y sus hogares de la brujería.

Aquellos que tenían que salir por la noche llevaban nabos tallados colgados de cuerdas, con un trozo de carbón reluciente en su interior. Estos faros, conocidos como *jack-o'-lanterns*, tenían su origen en una leyenda cristiana sobre un herrero conocido como el Viejo Jack; un hombre tan malvado que tanto el cielo como el infierno se habían negado a acogerlo. Como no tenía ningún lugar al que ir salvo el purgatorio, tenía que recorrer las calles durante la noche de Halloween sin nada más que un faro hecho a partir de un nabo para alumbrar su camino. Cuando la celebración de Halloween llegó al Nuevo Mundo, las calabazas eran más comunes que los nabos, así que los colonos irlandeses pasaron a utilizar calabazas en vez de nabos para sus faroles.

A menudo, los hombres de Gales se quedaban fuera durante la noche de Halloween junto a las hogueras que se encendían sobre las cimas de las colinas, lanzándose tizones los unos a los otros, realizando juegos un tanto violentos y encendiendo fuegos artificiales. Cuando los fuegos se extinguían, bajaban las colinas corriendo y gritando. En las zonas del norte de Gran Bretaña a veces llevaban instrumentos ruidosos, como campanas y cuernos, y los tocaban mientras corrían.

Con el tiempo, los rituales para protegerse de las hadas pasaron a ser protección contra la «brujería». En la época victoriana, los aldeanos lanzaban a las llamas una efigie de una mujer anciana y lo llamaban «quemar la bruja».

Las comunidades galesas también realizaban un ritual de Halloween llamado Tinley. Después de que los fuegos de las aldeas o de las granjas se extinguieran, cada miembro de la comunidad colocaba una piedra sobre las cenizas, formando un círculo. Si una persona encontraba su piedra movida a la mañana siguiente, la comunidad consideraba que los seres feéricos habían reclamado a dicha persona, y esperaban que muriera a lo largo del año siguiente. A pesar de la aparente superstición, estos rituales también tenían un beneficio práctico: el fuego y las cenizas protegían los campos de las plantas invasoras durante el siguiente año.

Los irlandeses, por otro lado, apagaban los fuegos de sus hogares durante el Samhain y, en su lugar, utilizaban velas por las noches. Las mujeres de la casa elaboraban velas para cada uno de sus vecinos. Se las daban para que rezaran por sus familias y ellas rezaban por sus vecinos con las velas que estos les habían dado.

Iluminando el camino para los antepasados

Las antorchas de los galeses y los *jack-o'-lanterns* que dejaban en los bordes de los caminos «mantenían alejadas a las brujas», pero también iluminaban el camino para los ancestros que atravesaban el velo. A veces, colocaban velas en las ventanas (normalmente en el lado oeste, para representar la tierra de los muertos), o a lo largo de los caminos y senderos para que los seres queridos muertos que los visitaban desde el otro lado del velo pudieran encontrar el camino hasta la puerta de los hogares de sus seres queridos.

Los celtas consideraban que era de mala suerte dejar que el fuego del hogar se extinguiera durante la noche del Samhain. Significaba que eventos oscuros les esperaban durante el año siguiente.

Alimentando a los muertos

Durante esta noche también era tradicional preparar una «cena muda» o actos similares para dar de comer a los ancestros muertos que pudieran venir de visita desde el otro lado del velo (o desde el purgatorio). En estos eventos, la gente preparaba comida para su familia y para sus ancestros fallecidos. Los participantes consumían esa comida en silencio o hablando solo entre susurros, salvo al comienzo de la ceremonia, cuando invitaban a sus antepasados, y al final, cuando los despedían de allí.

En Irlanda, las familias dejaban abiertas las cerraduras y pestillos de puertas y ventanas, y sacaban pasteles que reservaban para los muertos que los visitaban. Cualquier mortal que se los comiera era culpado de sacrilegio y estaba condenado a pasar la vida después de la muerte como un espíritu hambriento. Después de la comida, los muertos al parecer esperaban entretenimiento, así que los niños jugaban a juegos relacionados con los rituales del Samhain mientras que los adultos hablaban de los eventos del año anterior para que sus antepasados los escucharan.

Esta tradición también llegó a los Estados Unidos de la época colonial y postcolonial, donde se convirtió en una práctica abiertamente mágica y supersticiosa. La versión de la que informaba un grupo de folcloristas de Kentucky decía que la cena se preparaba en silencio, pero aquellos que la preparaban tenían que caminar hacia atrás todo el tiempo y, si era posible, preparaban la comida con las manos situadas detrás de la espalda (Lindsey). Nadie comía hasta que apareciera una señal aparentemente sobrenatural, como dos hombres llevando un cadáver o un perro grande y blanco.

Las cosas temibles

Mientras los primeros cristianos celtas inventaban al Viejo Jack, en las islas británicas tenían otros monstruos que temer que databan de sus días paganos. Sin embargo, otras tradiciones reflejaban la evolución de la historia política de las Islas. Al principio, la gente llevaba faroles durante la noche de Samhain y salía en grupos por si acaso se encontraban con una hueste de seres malignos. Podían tener un encuentro desafortunado con un Pucah (o Pookah), un ser metamorfo proclive a seducir e incluso secuestrar personas. Y, desde luego, esa no era la única sombra que podía estar acechando.

Lady Gwyn (o Wen) era una mujer malvada que aparecía vestida de blanco, a veces sin cabeza e interpretando el papel de un alma perdida benigna. De forma similar a muchos espíritus asociados con el Samhain, perseguía a los viajantes que encontraba errando durante la noche. Una canción popular describe a este espíritu:

Una cerda negra sin rabo y una dama blanca y decapitada
Que la cerda negra atrape a la mujer descabezada
Una cerda negra sin rabo en una noche de invierno
Se acercan los ladrones con calcetines tejiendo
(Howard)

Estos versos aparentemente sin sentido podrían combinar imágenes de diosas olvidadas con imágenes de espíritus del agua. Hay distintas historias populares sobre damas blancas, en general, y sobre *dicha* Dama Blanca, en particular, a lo largo de las islas británicas. Una historia cuenta que un hombre que la vio afligida le preguntó si podía ayudarla, y ella le pidió que le cogiera las manos hasta que ella le pidiera que parara, y entonces sus problemas desaparecerían. De pronto, un perro ladrando distrajo al hombre, así que le soltó las manos. Ella desapareció, sollozando que se quedaría atrapada durante otros siete años. En una leyenda más amable, un granjero vio a una mujer de blanco esparciendo pétalos de rosa en un prado de ovejas. Cuando se marchó, él recogió las flores. Al día siguiente las flores habían desaparecido, pero el hombre se encontró con tres monedas de oro en su lugar (Hope).

Además de estas historias fantásticas, también hay historias más terroríficas o menos agradables sobre la Dama Blanca que aparecen en distintas zonas de Gran Bretaña. En muchas de estas historias, su personaje es una figura trágica (la víctima de un asesinato o un suicidio) o es la guardiana de un tesoro. En otras historias, aparece como un espíritu que baila *in memoriam* en lugares donde ha habido muertes en masa, y en otras ella misma es una *banshee* y un augurio de muerte. Aunque, a menudo, las historias hablan de una dama blanca, en Gales las historias se vuelven más específicas: Lady Wyn es una Dama Blanca concreta asociada con el Samhain. Por otro lado, una «dama blanca» puede referirse a una clase específica de espíritus que destacan principalmente por aparecer vestidos de blanco, normalmente en sudarios mortuorios tradicionales (Beck, 292-306).

El académico J. C. Beck plantea que la tradición de Lady Wyn es un ejemplo de la degradación paulatina del concepto a medida que el paganismo declinaba y el cristianismo se extendía por Gran Bretaña. Lady Wyn podría haber comenzado como diosa, para después descender a la categoría de espíritu de las aguas y los pozos y, finalmente, bajar hasta la categoría de protagonista de historia de fantasmas. Una cerda negra, asociada a menudo con Lady Wyn, simbolizó en su momento a la diosa Cerridwen en su aspecto de anciana. Esto sugiere que Lady Wyn es en realidad la diosa Cerridwen, que se aparecía a los habitantes de la tierra en una nueva forma (Cuhulain). Cuando el cristianismo demonizó el paganismo en Europa, las historias sobre ella comenzaron a representarla como completamente malvada.

Además de la Cerda Negra, la gente podía encontrarse con el Dullahan, o, a veces, con fantasmas indeseados que no siempre eran de fallecidos amistosos. La Cerda Negra, asociada a menudo con la Dama Blanca, representaba una imagen diabólica. Las familias irlandesas a menudo consideraban a esta cerda como una encarnación del diablo. En un ritual galés, cuando las hogueras se apagaban, los que se ocupaban de ellas salían corriendo y gritaban: «¡Al último se lo llevará la cerda negra!». Esta tradición sugería que estaban huyendo del mal.

El Dullahan se describía a veces como un diablillo malicioso y, más a menudo, como un jinete sin cabeza que se aparecía por las noches en los caminos desiertos. Este personaje aparecía como un augurio de muerte, llevaba su propia cabeza a un costado y gritaba el nombre de la persona que estaba destinada a morir esa noche.

Otra tradición relacionada con los jinetes como cazadores, la Hueste de las Hadas, tenía una fuerte semejanza con la Cacería Salvaje del norte de Europa. Según la tradición celta, durante la noche del Samhain, las colinas de las hadas se abrían y la Hueste o Cacería Salvaje (o la Hueste de las Hadas) salía. A menudo esto implicaba una partida de caza que solía ser de la realeza, acompañados de perros normalmente negros que aullaban y corrían por delante y junto a los cazadores. Algunos viajeros decían haber visto a adultos mortales secuestrados por esta hueste; aquellos que presenciaban esto a menudo decían haber visto a sus vecinos corriendo junto a la Cacería Salvaje o huyendo de ella. La única forma de evitar a la hueste si pillaban a alguien en el exterior era que el viajero se tirara a la zona de tierra más cercana o, mejor todavía, al campo en barbecho más cercano.

La identidad de los cazadores y su presa cambiaba según la tradición popular de cada región. A veces, los cazadores venían de otras historias, como el rey Arturo o el rey Herodes; en otras ocasiones, los lugareños identificaban al cazador como un hombre que había pecado o había sido sacrílego en vida. Los cazados también podían ser pecadores de la comunidad que habían fallecido recientemente, a veces una dama de blanco y, otras, espíritus de los bosques. Los escoceses sumaron a la atmósfera de esta leyenda historias de infantes sin bautizar que deambulaban por el bosque de noche, gimoteando.

En el norte de Europa, la gente atribuía las cacerías a los dioses del clima así como a los dioses de la muerte (en el caso de Woden, se trataba de las dos cosas en una). Los lugareños lo conocían también como la Hueste Furiosa, y creían que el propio Odín lideraba esas cacerías, acompañado en ocasiones por las diosas Bertha y Holda. Además de la cacería de Odín, había historias sobre cómo la diosa Bertha recogía tropas de niños sin bautizar y los hacía volar por el cielo invernal como las colas coloridas de una tormenta fantasmal.

En un intento de explicar lo que había originado las leyendas de la Cacería Salvaje, los académicos lo relacionaron con los fenómenos naturales. Odín/Woden representaba los fenómenos naturales y las tormentas, especialmente las tormentas que eran comunes justo antes del invierno. Algunos académicos pensaban que los primeros paganos interpretaban el trueno y los aullidos de las tormentas como si fuera la Cacería Salvaje, entrando en este mundo para perseguir a su presa. Otra teoría es que los gansos que migraban a través de Gran Bretaña y Europa a finales de octubre sonaban como sabuesos aullando por la noche. Otra versión es que el viento en los árboles hacía pensar a esas personas antiguas que la cacería estaba en marcha.

En otra encarnación más de esta leyenda, a veces era un solo cazador: el Cazador Espectral. A menudo, se trataba de un único cazador a caballo, acompañado de perros. La historia del cazador fantasmal a menudo se parecía a la de la Cacería Salvaje o al Dullahan.

Los perros o sabuesos que corrían en estas cacerías también tenían su propia leyenda tradicional. Se los conocía como sabuesos de Gabriel, nombrados así por el arcángel Gabriel, que se creía que hacía anuncios y transmitía mensajes por orden de Dios. Oír o ver a estos perros era de mal agüero, y, a menudo, presagiaba la muerte de cualquier viajero solitario que estuviera expuesto a ellos. Algunas leyendas identificaban a los propios perros como las almas de los niños sin bautizar o como fuegos fatuos (luces que flotaban entre la tierra y el cielo) que actuaban como espíritus tratando de atraer a los viajeros nocturnos a sus muertes. Estas historias hacían que mucha gente evitara salir al exterior en Halloween, pues creían que ver cualquier aparición podía provocar la muerte.

Sin embargo, no todas las cosas temibles permanecían fuera de las casas. La gente tenía mucho cuidado para impedir que las hadas secuestraran a los niños humanos o al ganado durante la noche del Samhain. Se rociaban las cunas y los animales con agua bendita, o se colgaban cruces formadas con dos palos atados con cuerdas encima de la cama del niño. Los padres también colocaban un carbón apagado del fuego o un hierro en la cuna del bebé. A los niños mayores podían ponerles harina de avena o sal sobre las cabezas. Además, algunas familias dejaban comida fuera para las hadas, con la esperanza de impedir que se sirvieran de otras criaturas vivas de la propiedad. Los irlandeses tenían un remedio para los encuentros con hadas o espíritus malévolos durante la noche de Halloween: si te topabas con uno de ellos en un camino oscuro, tenías que lanzarle polvo del suelo con los pies. Y, después, echar a correr.

Truco o trato

El truco o trato es una encarnación moderna de antiguas prácticas irlandesas, manesas y escocesas que a veces tenían lugar a lo largo de múltiples noches anteriores al Samhain. En Irlanda, los pobres iban de puerta en puerta pidiendo caridad, lo que se conocía como *mumming*. Ofrecían canciones y oraciones para los muertos. Como pago, los dueños de las casas visitadas les daban galletas con una cruz dibujada encima, que representaban las almas que estaban atrapadas en el purgatorio. Algunos creían que estas personas, que a menudo llevaban faroles hechos con nabos mientras recorrían los caminos, representaban las almas de los muertos que buscaban las ofrendas de comida. Las regiones que conocían esta práctica como *mumming* también se referían a una clase de teatro popular llamado *Mummer's Theater* (algo así como «teatro del enmascarado»). Normalmente, consistían en tramas imprecisas y extrañas relacionadas con personajes arquetípicos. Una obra común que se utilizaba en el Samhain era *San Jorge y el doctor*.

En Somerset, los niños iban de puerta en puerta la noche del 30 de octubre, conocida como *Punkie Night*. El nombre coloquial *punkie* se refería a sus faroles de nabos (o remolachas). En esta festividad, los niños pedían a sus vecinos dinero para pagar los fuegos artificiales que se utilizaban a la noche siguiente, llamada «noche de las travesuras». Los lugareños consideraban que era de mala suerte negarse, ya que los niños que llevaban los *punkies* representaban a las almas de los niños muertos.

Algunas regiones llamaban a esta práctica de ir pidiendo de puerta en puerta «rimas de Halloween». A menudo, los niños cantaban una canción a la gente que respondía a sus llamadas, y esperaban que les dieran a cambio galletas de cruces o pasteles de carne. En Irlanda, el *mumming* dio paso a la costumbre de ir de puerta en puerta diciendo: «¡Ayuda para la fiesta de Halloween! ¿Hay manzanas o frutos secos?».

En Francia, la tradición se volvió algo distinta. En lugar de pedir comida, los niños recogían flores de sus vecinos para poder decorar las tumbas de sus familiares a la mañana siguiente.

Bromas

Por extraño que pueda parecer, la tradición de hacer bromas en Halloween (incluso las más desagradables) tiene su origen en la tradición pagana de culpar a las hadas. Aunque no hay ningún registro específico de la lógica o el ritual de las bromas, parece que parte de la festividad consistía en realizar una serie de bromas, ya fuera como forma de engañar a las hadas o solo porque servían de tapadera para cualquier fechoría, ya que la gente podía culparlas a ellas, lo cual permitía a los verdaderos artífices evitar las consecuencias de las cosas que querían hacer. Unas de las más populares eran las «bromas de umbrales», que consistían en sacar las puertas de sus goznes, llenar las ventanas de jabón o arrancar las estacas de las vallas.

Dado que esta época señalaba un momento de paso entre el mundo físico y el espiritual, es posible que estas bromas representaran la ruptura de las barreras del velo. Aunque cualquier intención ritual pudo haber desaparecido hace mucho de los registros escritos, los registros orales mencionan que, a menudo, los que sufrían estas bromas eran miembros poco populares de la comunidad.

En Escocia, la gente llama al 30 de octubre «noche de la col rizada», y en Nueva Escocia la misma tradición se conoce como «noche de los restos de col». Para celebrarla, la gente rencorosa lanza restos de col rizada a las puertas de la gente que les cae mal. Tal vez esta práctica libera la furia de una manera que hace menos daño a las propiedades del que podrían causar otras expresiones.

En Escocia, cuando un padre tenía hijas casaderas y no permitía que ningún varón las cortejara, los jóvenes frustrados a veces se envolvían en paja e irrumpían en las casas de sus amadas para meter al padre de las chicas en la chimenea, robar comida o exigir un baile a las hijas.

En el norte de Inglaterra, la «noche de las travesuras» era un mote para Halloween o para el 30 de octubre. Normalmente era una noche de alboroto, y los varones jóvenes lanzaban fuegos artificiales a los buzones, encalaban las ventanas, llenaban las cerraduras de pegamento y robaban puertas. En Oxfordshire, la gente hacía rodar barriles de alquitrán por las calles. En el norte de Inglaterra se hacían equipos para hacer carreras subiendo y bajando estos barriles por las calles. Muchas de las bromas que se hacían se inspiraban en las trastadas que, normalmente, se atribuían a las hadas y los duendes.

Muchas de las bromas se asocian con nombres y prácticas tradicionales. Por ejemplo, en algunas zonas del Reino Unido y de Canadá, el 31 de octubre es común frotar con tiza la espalda de alguien, gritar «¡Halloween!» y echar a correr. Esta práctica podría tener su origen en una antigua festividad poco conocida llamada «Día de la Tiza».

Una broma escocesa, conocida como «quemar el *reekie mehr*», requería un tallo de col rizada lleno de grasa. El bromista prendía fuego a un extremo, lo colocaba contra la cerradura de la casa de la víctima, y soplaba por el otro extremo hasta llenar la casa de humo. En ocasiones, cuando las mujeres jóvenes salían a arrancar el tallo de col, se encontraban con que los varones habían dejado un *punkie* en mitad del campo para asustarlas.

Aunque no se sabe qué papel espiritual tenían estas gamberradas en la Noche de Difuntos (salvo, tal vez, para convencer a los duendes de que sus servicios no eran necesarios), las bromas no solo han continuado y evolucionado, sino que son la razón principal por la que casi todas las ciudades de los Estados Unidos permiten ahora la práctica del truco o trato.

Disfraces

Lo que comenzó con los druidas y los antiguos aldeanos celtas vistiéndose de animales o criaturas terroríficas como fantasmas para recorrer en grupos los límites de sus asentamientos, evolucionó al teatro ritual móvil conocido como *mumming*. Además de cantar canciones tradicionales, los que actuaban también se vestían con trajes típicos.

En el sur de Gales, los hombres y los chicos se vestían de mujer mientras cantaban sobre una Dama Blanca que se sentaba en un árbol, acompañada de cerdos y manzanas. Los lugareños se referían a estos personajes disfrazados como *gwarchod*, que se traduce como «arpías». A menudo, se disfrazaban con pieles de ovejas y llevaban ropas andrajosas y máscaras. En algunas zonas, un hombre disfrazado de caballo acompañaba a los *mummers* en sus rondas. Este personaje llevaba un cráneo de caballo pintado de negro y decorado con lazos, que mantenía oculto bajo una tela blanca. Tradicionalmente, tenía una mandíbula que se cerraba de golpe. El cráneo tenía distintos motes, como «Duende Viejo» o «Caballo Salvaje».

Cuando los irlandeses llegaron al nuevo mundo, se llevaron con ellos su tradición de los disfraces. En la América colonial, realizaban desfiles de máscaras que con el tiempo se populariza-ron entre sus vecinos. La estética victoriana popular en el Reino Unido y los Estados Unidos hizo que Halloween fuera una noche mucho más sosegada que sus raíces tradicionales. Los ejemplos de esto quedan patentes en las tarjetas de Halloween antiguas, que muestran a mujeres jóvenes participando en actividades rela-cionadas con la brujería, como la adivinación y otras prácticas arcaicas, lo que sugiere que tales juegos estaban de moda.

Los disfraces se alejaron de los duendes, los fantasmas y las hadas en los años treinta, cuando aparecieron las empresas comer-ciales de disfraces. Entre los primeros disfraces se contaban perso-najes relevantes en esa época, como la huerfanita Annie, Mickey Mouse o la siempre popular bruja.

Fiestas y juegos

A lo largo de los años, la noche de Halloween se convirtió en un momento para entretener a los niños mientras los adultos reflexionaban sobre el año anterior y hacían planes para el año que estaba por venir. Estas fiestas eran como pequeñas reunio-nes familiares, pero también tenían la función de formar pare-jas, pues proporcionaban a los hombres y mujeres solteros de la comunidad la oportunidad para socializar. En la tradición de Halloween/Samhain aparecían de forma significativa las manzanas, los frutos secos y la col rizada, que, a menudo, se regalaban a los niños. Esto ocurría en parte porque la col rizada maduraba a finales de otoño, y los almacenes de manzanas y frutos secos para el invierno se abrían alrededor del Samhain. Un sobrenombre común para Halloween era «noche del cascanueces», en parte porque esa noche la gente comenzaba a comerse las nueces y frutos secos que se habían recolectado durante la estación.

Los asistentes compartían distintos juegos durante la noche. Algunos de los más recordados de forma popular tenían que ver con las manzanas. En los Estados Unidos y en el Reino Unido era muy común jugar en Halloween a la pesca de la manzana, en la que los niños trataban de sacar manzanas de un recipiente lleno de agua utilizando solo los dientes. En el Reino Unido, a veces la anfitriona lanzaba una moneda de plata al fondo del recipiente. El primero que la atrapara sin utilizar las manos podía quedarse con el premio, y se creía que sería el primero en casarse. En la América colonial se consideraba que la primera mujer que atrapara una manzana sería la primera en casarse.

Había otro juego relacionado con las manzanas que se jugaba por todo el Reino Unido y se remontaba a los druidas originales. En su forma inicial, el anfitrión ataba una manzana al extremo de una cuerda, la lanzaba por la viga de un granero y después ataba una vela encendida al otro extremo. Los jugadores tenían que atrapar la manzana con los dientes sin quemarse con la vela. Este juego dio paso a una forma menos peligrosa, a veces conocida en los Estados Unidos como «la manzana atada», en la que los jugadores ataban manzanas a unas cuerdas, las suspendían del techo (normalmente, atando la cuerda a alguna viga), y después se las lanzaban los unos a los otros mientras trataban de atrapar la manzana utilizando solo los dientes. Los que ganaban, según la tradición, conseguirían matrimonios exitosos antes de que pasara un año.

Además de estos juegos, las peladuras y las semillas de las manzanas se empleaban en tradiciones relacionadas con la adivinación. Una persona que buscara información sobre un futuro esposo tenía que pelar una manzana en una espiral continua y lanzarla por encima del hombro. La peladura formaba la inicial del nombre de su verdadero amor. En una variación, si la peladura se quedaba completa, significaba que la persona se casaría hacia finales del año, mientras que si la peladura se rompía significaba que pasaría un año más sin casarse. Las mujeres a veces cogían dos semillas de las manzanas y las colocaban sobre sus mejillas o sus párpados después de ponerles el nombre de dos estados contrapuestos de fortuna (por ejemplo, riqueza o pobreza, viaje u hogar, o bien matrimonio o soltería). La primera semilla en caer era la respuesta a la pregunta. Cortar una manzana por la mitad de modo que el centro formara una estrella también podía servir como herramienta de adivinación. Si aparecían dos semillas, la manzana predecía un matrimonio cercano; tres significaba riquezas o herencias; cuatro significaba viajes; cinco significaba buena salud o una travesía por el mar; seis significaba sabiduría o fama; y siete significaba fama o un deseo concedido. Además, tres invitados podían colgar manzanas de una cuerda y situarse frente al fuego; el primero cuya manzana cayera sería el primero en casarse, mientras que el último tal vez no se casaría nunca.

La abundancia de nueces y frutos secos también hacía que se usaran con frecuencia para las adivinaciones de Samhain y el equinoccio de otoño. Un método muy popular determinaba la compatibilidad de una pareja. Se ponía el nombre de una pareja de amantes a dos nueces, y después se lanzaban al fuego. Si ardían con fuerza juntas, se predecía un matrimonio feliz. Si las nueces se separaban, se advertía de discusiones. Y, si alguna nuez no lograba prender, significaba que la pareja se enfrentaba a la infelicidad.

La col rizada también se utilizaba en prácticas mágicas de adivinación muy populares en Halloween. En algunas de las más frecuentes se colocaban hombres jóvenes y mujeres en edad de contraer matrimonio en un campo de col rizada a medianoche y arrancaban un tallo sin mirar. La persona más joven colgaba la col sobre la puerta de la habitación durante la noche, y después lo examinaba a la mañana siguiente. El estado de la col supuestamente revelaba la naturaleza del futuro esposo del ladrón de la col. Por ejemplo, si la planta tenía mucha tierra, significaba que se casaría con alguien rico. Si tenía el núcleo negro, significaba que el futuro esposo tendría mal genio. Las plantas largas significaban que el amante sería alto.

Un juego para las fiestas consistía en nombrar siete tallos de col rizada con el nombre de siete de las personas presentes. Los que acudían a la fiesta tiraban del tallo, y después cada persona presenciaba un examen de su propio carácter a través de la col rizada. Si la persona que cogía la col colgaba el tallo sobre una puerta durante la noche de Halloween, la primera persona en caminar por debajo al día siguiente podía cogerlo, colocarlo debajo de la almohada y tener un sueño excelente sobre el futuro. Los niños que querían un hermanito nuevo apilaban col rizada fuera de la puerta de sus padres, con la esperanza de conseguirlo.

Muchas de las tradiciones de adivinación del Samhain se centraban en la identidad del futuro esposo, sobre todo porque noviembre era el mes en el que se celebraban más bodas. En el juego del alfabeto, un adivinador cortaba cada letra del alfabeto de un periódico y después hacía flotar las letras en un cuenco de agua. Las letras que flotaban hasta la parte de arriba podían revelar el nombre del futuro esposo. En un juego similar, se animaba a los hombres jóvenes a escribir los nombres de sus amigas en trozos de papel, y después envolverlos con una masa. Entonces lanzaban la masa al agua, y la mujer revelada cuando se derritiera la masa era el verdadero amor del joven. La mejor versión para los indecisos era que alguien escribiera tres nombres en el polvo de la repisa de la chimenea y aquel sobre el que cayera el dedo del joven revelaría su verdadero amor.

Por otro lado, algunas mujeres jóvenes iban a trillar trigo durante el día de Halloween, creyendo que tendrían una visión sobre su futuro esposo para cuando terminaran su trabajo. En una versión menos agotadora, una persona curiosa podía escalar hasta algún lugar donde no fuera capaz de subir ningún animal de cuatro patas (normalmente, el tejado de una casa) y cerrar los ojos. El primer animal que viera al abrir los ojos indicaba características sobre su futuro esposo. En una variación igual de proclive a los accidentes, una persona cerraba los ojos y caminaba hacia atrás hasta llegar al final de su casa. Al abrir los ojos, lo primero que viera indicaba la naturaleza de su suerte durante el próximo año. Lo que traía más fortuna era vislumbrar hombres, sobre todo si se trataba de hombres a caballo. En esta superstición, ver a una mujer presagiaba mala suerte, sobre todo si se trataba de una mujer mayor. Ver a alguien cavando o a un pájaro con la cabeza bajo el ala también daba mala suerte.

El fuego y sus cenizas también tenían respuestas para los buscadores de la verdad en Halloween. Se animaba a la gente comprometida a soplar sobre las cenizas de un fuego. Si las cenizas volaban hasta su cara, le advertían de un matrimonio infeliz. Las cenizas alrededor del hogar durante la mañana después de Halloween también vaticinaban la suerte; si había una huella en dirección a la puerta significaba que habría una muerte durante el próximo año, mientras que una huella alejándose de la puerta presagiaba un matrimonio. En la América del Norte colonial, una persona con los ojos vendados caminaba a través de un círculo de cenizas o de harina. Una huella en dirección a la puerta no presagiaba la muerte de un ser querido, tan solo mala suerte, mientras que una huella que se alejaba de la puerta significaba buena suerte o un matrimonio durante el próximo año.

Muchas adivinaciones sobre el matrimonio conllevaban realizar acciones para atraer a una aparición o un yo astral de esa persona hasta el lugar donde se encontraba el adivinador para poder identificarlo. Por ejemplo, en un hechizo popular, una mujer joven sembraba una hilera de semillas de cáñamo durante la medianoche de Halloween. Mientras se sentaba y observaba, esperaba la aparición de su futuro marido para arar la tierra. En otra versión, una mujer joven colgaba el camisón frente al fuego y después observaba la habitación a través del ojo de la cerradura de una puerta cerrada, esperando ver al fantasma de su futuro marido que vendría para mover la prenda. También podía sentarse enfrente de un espejo a medianoche durante la noche de Halloween, comiéndose una manzana y cepillándose el pelo; el hombre que estuviera destinado para ella aparecería sobre su hombro izquierdo.

En una especie de inversión de la cena muda, una mujer joven también podía buscar ver la forma de su amado mezclando masa con cualquier líquido que no fuera agua de manantial para hacer un «bizcocho mudo». Hacía esto utilizando solo el pulgar izquierdo y amasaba en completo silencio, y a medianoche tallaba sus iniciales en la masa con una aguja nueva antes de meterla en el horno. Después, se sentaba en el otro lado de la habitación, esperando a que la forma de su futuro amante apareciera para ver el progreso del bizcocho.

Un hombre joven podía arrancar flores de una planta y después cortar la parte superior del estambre y esconder la flor. Si la mañana del Día de Todos los Santos se encontraba con que el estambre había vuelto a su altura original, sabía que su amada le correspondía.

En otra variación más, una mujer podía lanzar por una ventana un ovillo de color azul y recitar el padrenuestro al revés mientras volvía a liar el ovillo y miraba por la ventana en busca de la figura fantasmal de su futura pareja. La adivinación del ovillo a veces tenía lugar con la supuesta participación de las hadas. En una versión, alguien tiraba un ovillo desenredado entero en una calera. Después, la persona lo volvía a liar hasta que sentía resistencia desde el interior de la calera. Si no notaba ningún tirón, la persona tal vez muriera sin casarse.

En otra tradición, un molinero soltero podía realizar la adivinación con la ayuda de unos duendes llamados *Killmovlis,* especiales de los molinos. Aunque a menudo estas criaturas parecían vivir para fastidiar al molinero, también parecían ser protectores del molino, y, en ocasiones, hasta ayudaban con el trabajo. Durante la medianoche de Halloween, el molinero que buscaba el nombre de su futura esposa tiraba el ovillo en un horno y volvía a liarlo hasta que notaba resistencia. El molinero suponía que la tensión venía de un *Killmovli* sujetando el otro extremo del hilo dentro del horno. Entonces, el molinero preguntaba «¿Quién es?», y el duende, desde su escondite, resoplaba el nombre de su futura esposa.

Aunque la mayoría de los juegos de adivinación de Halloween tenían que ver con preguntas sobre el matrimonio, la gente también traía a la fiesta sus propias preocupaciones sobre salud, su trabajo, el tiempo o la riqueza. Los granjeros observaban a su buey para ver de qué lado se tumbaba en Halloween, lo que indicaba la dirección en la que soplaría más el viento durante el invierno. Si el Samhain caía en miércoles, los granjeros esperaban un invierno duro. La gente lanzaba zapatos por encima de las casas para determinar dónde estarían durante el año siguiente, ya que la dirección que señalara el zapato indicaba hacia dónde podría viajar el que lo lanzara. Había múltiples adivinaciones con tres platos, en las que cada plato contenía algo que simbolizaba una posibilidad futura. A menudo, las madres entretenían a los niños abriendo un agujero a un huevo, vertiendo la clara en un vaso de agua, y prediciendo el futuro en base a las visiones creadas por la clara arremolinada.

A pesar de los grandes esfuerzos de la Iglesia cristiana del siglo IX, el Samhain prevaleció. Eso, junto a Halloween, habla de la necesidad imperecedera del ser humano de reconocer el miedo, la muerte, la incertidumbre y la pérdida. El Samhain ofrece una

oportunidad de renovación y de conexión con los seres queridos fallecidos. Halloween ofrece una liberación de la norma que,
a menudo, es exactamente lo que necesita la gente después de
soportar un fuerte duelo. Los paganos celebran la vida, y con
Samhain lo hacen venerando a los muertos y las cadenas que nos
unen a todos.

LAS TRADICIONES MODERNAS

bereavement, rites, markings, savings, beginnings, endings, the

...tion, wisdom, survival, preservation, hunting, other worlds,

release from old bonds, road openings, fire, protection, sun

scorpio, sun sign of scorpio, dark moon, pleiades at higher

midnight, the crone, the grieving mother, the grieving wife,

Persephone and Hades, Ereshkigal, Osiris, Janus, Cer...

...nos, the Daghda, Hecate, Dis Pater, Hel, Inanna,

Lilith, Macha, Mare, the Morrigan, Osiris, Isis,

...nnon, Samana, Teutates, Taranis, the Horned God, the

...ge, brown, yellow, grey, green, cedar, dittany of crete, sage

wheat, rye, pumpkins, hazel, hemlock, chrysanthemum, cal...

...old, jet, obsidian, onyx, carnelian, moonstone, iron, black ca...

...ts, ravens, decaying leaves, myrrh, copal, death, wheel of f...

...ancestors, cauldron, mask, besom, apple, pumpkin, fermented

...pickled eggs, pickled beets, roasted nuts, raw nuts, apple

...divination, soul cakes, sugar skulls, jack-o-lanterns, hu...

...ling, seances, scrying, bonfires, trick-or-treating, mummer's

...ff gravesites, dedicate memorials, visit nursing homes, remb...

...n gaef, calan gaef, gealach a ruadhain, calan g...

Muchos paganos celebran el Samhain moderno el 31 de octubre, el mismo día que Halloween. Sin embargo, algunos prefieren realizar sus celebraciones durante la luna llena más cercana a la fecha del sabbat. Otros consultan almanaques para determinar cuál es la fecha astrológica oficial.

A menudo se trata de una celebración tranquila y solemne en las casas paganas privadas. Muchos lo ven como el ritual más importante del año. Las familias con niños pequeños suelen propiciar que sus hijos disfruten de los disfraces, las fiestas y los caramelos además de honrar sus propias tradiciones.

Temas modernos y elementos comunes

Aunque Halloween se ha vuelto una festividad casi completamente pagana, el Samhain ha conservado mucho de su sabor espiritual. Todavía es un día para honrar a los muertos y para pensar en la muerte. Todavía es un día para meditar y reflexionar, realizar adivinaciones, disfrutar de los festines y, a veces, encender hogueras. Aunque el día de Todos los Santos también ha cambiado de carácter a lo largo de los siglos, el Samhain pagano realmente se alinea con la festividad cristiana en términos de intención espiritual.

En la ciudad

Los que viven en los pueblos y ciudades pueden formar parte de la tradición más famosa de Halloween: el truco o trato. Cada año, normalmente durante las horas estipuladas por el municipio, los padres o los hermanos mayores se llevan a los pequeños disfrazados para pedir caramelos de puerta en puerta. A cambio, los vecinos reciben a domicilio su propio desfile de disfraces.

Junto a esta tradición hay otra que a mucha gente no le hace gracia: la de las travesuras y el vandalismo. Aunque la mayor parte del tiempo los vándalos se contentan con aplastar calabazas talladas y lanzar papel higiénico a los árboles, algunos se sobrepasan. Esto se remonta a las antiguas tradiciones irlandesas, en las que los gamberros arrancaban postes de las vallas, sacaban las puertas de sus goznes y hasta rompían las ventanas. Estas prácticas están muy íntimamente relacionadas con la magia de umbrales, aunque no es que eso haga que la tradición resulte menos frustrante para la persona que ha de reparar el desastre al día siguiente.

En el campo

La gente que celebra Samhain o Halloween en entornos rurales a menudo participa en tradiciones ligeramente diferentes. En algunas zonas, las casas están demasiado separadas como para hacer que el truco o trato sea viable para las familias con niños. A menudo, en estas situaciones los miembros de la comunidad se reúnen en colegios públicos o edificios comunitarios y celebran una fiesta de Halloween juntos. Además de recibir caramelos, los niños pueden jugar a juegos como la pesca de manzanas o lanzar dardos a globos, mientras que los adultos y adolescentes pueden disfrutar de una película de terror en una habitación diferente. Si una comunidad es tan pequeña como para que esto no sea posible, los paganos se centran en las prácticas familiares que ellos mismos establecen.

Desmontando unos cuantos mitos sobre Halloween/Samhain

Según pasan los años, los historiadores y los arqueólogos con frecuencia encuentran información que demuestra que la información previa estaba equivocada. Un ejemplo de esto es el caso del Día de Pomona, la diosa romana de la abundancia. Aunque muchas fuentes atribuyen popularmente el Día de Pomona al 31 de octubre, una investigación del antiguo calendario romano reveló que cualquier celebración sobre ella o la cosecha tenía lugar el 23 de agosto y no tenía ninguna asociación directa con la muerte o con temas ancestrales.

Una teoría sobre cómo llegó a darse esta asociación es que cuando el cristianismo se apoderó de las islas celtas, el gobierno militar a menudo movía los días de las festividades locales a otros momentos del año, como un método para reducir su influencia. Según esta teoría, cuando los romanos invadieron las tierras celtas, la Iglesia decidió combinar las festividades de Pomona con las celebraciones paganas de la muerte. Con el tiempo, la gente pasó a asumir que esas festividades coincidían.

En la Edad Contemporánea, esta clase de desinformación no se debe tanto a las inexactitudes históricas como a las leyendas urbanas. Por ejemplo, en los años 70, los padres preocupados comenzaron a temer que sus vecinos metieran cuchillas o veneno en los dulces que daban a los niños que hacían el truco o trato. Los hospitales y las comisarías de policía comenzaron a ofrecerse a examinar con rayos-X los cargamentos de caramelos, y se eliminó la distribución de dulces caseros o frutas naturales como las manzanas. Jamás hubo un solo caso notificado de un niño

que encontrara una cuchilla o algo peor en su bolsa de caramelos, pero el miedo se impuso y la tradición de los dulces caseros
desapareció.

Paganos diferentes, prácticas diferentes

Muchos paganos modernos celebran el Samhain, ya sea en la luna
llena más cercana al 31 de octubre o ese mismo día. Aunque su
origen es celta, los paganos pueden celebrarlo de una forma que
sea más afín con su tradición. En la temporada de Samhain, es
apropiado invocar a Morrigan, Dagda, Hades, Perséfone, Hécate
y muchas otras deidades de la muerte y la brujería de muchos
panteones. Para los que practican tradiciones más apacibles y
hogareñas, a menudo es una época de cenas mudas, adivinación
silenciosa y reflexión familiar. La lista de tradiciones que se mencionan aquí no es exhaustiva; muchos paganos también celebran
festines dedicados a deidades ctónicas específicas durante el mes
de noviembre, además del Samhain o en lugar de él.

Wicca

Los wiccanos consideran el Samhain como el final del año viejo
y el comienzo del nuevo. En este punto del ciclo de los sabbats, la
diosa ha descendido desde la tierra hasta el mundo de los muertos, donde se reencontrará con su amado, el dios moribundo.
Como abre la puerta al mundo de los muertos, se creía que esa era
la razón por la que el velo se volvía más fino. Hay rituales que se
practican para honrar su descenso y a los muertos, especialmente
aquellos que han muerto durante el año anterior.

Los wiccanos celtas siguen la *Rede Wicca* y el duoteísmo ligero
del dios y la diosa, pero también creen en el panteón celta y tra-
bajan con él. Los wiccanos celtas celebran el Samhain con rituales comunes wiccanos, entre los que se cuentan los altares a los

antepasados, las cenas mudas y la adivinación. A menudo, invocan a los dioses y diosas celtas de la muerte, o a aquellos que están directamente asociados con el Samhain, como Morrigan.

Reconstrucción celta

Los reconstruccionistas celtas son aquellos que tratan de reconstruir el paganismo celta antiguo de la forma más exacta posible. Llaman al Samhain *Oiche Shamnhna*, y se esfuerzan para que sus celebraciones sean lo más fieles posibles a la primera helada (NicDhana). A menudo, se venera a Morrigan en esta época. En los mitos irlandeses, el Samhain señala el día en el que ella y el dios Dagda de los Tuatha Dé Danann se aparearon en el río Unis.

En este mito, Morrigan representa las fuerzas de la muerte y de la luna, mientras que Dagda representa el sol y la vida. Además de honrar esta tradición, los reconstruccionistas celtas también pueden llenar sus casas de enebro, montar un altar para honrar a los muertos y preparar un festín con las primeras comidas servidas en un plato colocado frente a un asiento reservado de la mesa o un altar para los muertos. En esta cena, la gente comparte recuerdos de sus seres queridos fallecidos y hacen brindis. Después de comer, se hacen adivinaciones y se cuentan historias.

Druidismo

Para los druidas, el 31 de octubre es el Samhain, un festival para honrar a los muertos. Tienen muchos nombres para este día, a menudo basados en su propio alineamiento cultural celta. Entre los nombres se encuentran *La Samhna, Sauin* o *Souney* (noviembre). Algunos lo llaman *Calan Gaeaf, Calan Gwaf* (primer día del invierno), o *Nos Cyn Calan Gual* (primera noche del invierno), entre muchos otros nombres. Era uno de los cuatro festivales del fuego. En su tradición espiritual, la *Cailleach* (la Anciana) viene a arrancar las hojas de los árboles y, como el velo se ha vuelto más fino, todos los tiempos se convierten en uno: el pasado, el presente y el futuro tienen lugar de forma simultánea durante la noche de Samhain. Esta sincronización hace posible que los muertos caminen entre los vivos y que los vivos se comuniquen con sus muertos. A menudo, la celebración moderna incluye una hoguera junto a la rememoración de los que ya no están.

Brujería tradicional

Las brujas tradicionales de Gran Bretaña ven el Samhain como uno de los cuatro grandes festivales del fuego. El Samhain es una de las tres noches en las que el velo entre los mundos se vuelve más fino (las otras dos son la noche de Walpurgis y el solsticio de verano). Algunas brujas tradicionales hacen dos círculos durante sus ceremonias del Samhain: uno para los vivos, y otro para los muertos. Es un momento de comunión con los fallecidos, especialmente con los antepasados, y las brujas tradicionales pueden aprovechar la ocasión para visitar un cementerio, un cruce de caminos o un túmulo funerario. El Samhain se considera una oportunidad para conectar con el dios oscuro y con la diosa y para meditar sobre lo que estos les pueden enseñar.

Brujería ecléctica

Las brujas eclécticas toman elementos de diferentes tradiciones de una forma muy personal alineada con su sentir espiritual. A menudo, celebran el Samhain honrando a sus antepasados físicos, pero también a sus ancestros espirituales, incluidas otras brujas y paganos anteriores a su tiempo. Los rituales se centran en la oscuridad del año y a menudo invocan a los dioses de la muerte de diferentes panteones. Perséfone y Plutón, Kali Ma, Morrigan y Dagda, y la diosa nórdica Hela son todos posibilidades durante un ritual ecléctico del Samhain.

Neopaganos

Los neopaganos no se identifican necesariamente con ninguna tradición, método o práctica concretos, ni están interesados en seguir los rituales iniciales propios de la Wicca y otras formas de brujería. Para los que celebran el Samhain, es un momento para preparar altares para sus ancestros, contar historias sobre la gente que se ha ido antes de nosotros, practicar la adivinación y reunirse alrededor de las hogueras o asistir a rituales públicos del Samhain y compartir un momento de comunidad espiritual.

Stregheria

Los practicantes de la Stregha, una clase de brujería con raíces italianas, llaman al 31 de octubre *La Festa del Ombra* (la Fiesta de las Sombras). En este momento, la diosa de su panteón desciende hasta el inframundo para enfrentarse a la muerte. Allí se encuentra con el dios Dis y entablan un diálogo sobre por qué las cosas deben sufrir y morir. Mientras ella está ahí, mantienen relaciones sexuales y comparten misterios. Las Streghas preparan comidas para los espíritus, dejan leche y miel para la gente feérica y recuerdan a sus seres queridos difuntos.

Ásatrú

Los Ásatrú (paganos nórdicos) llaman al 31 de octubre *the Winternights* (noche de invierno). Algunos llaman a este día *Elf-Finding* (búsqueda de elfos o búsqueda de Frey). En este momento, honran a sus antepasados, dan las gracias por la tierra y honran tanto a la muerte como a la sabiduría. Los nórdicos ancestrales consideraban esta fecha como el fin del verano. El 31 de octubre, alguien recoge la última parte de la cosecha y después la bendice y la deja en el campo. A partir de esta noche, creen que la Cacería Salvaje (una partida de caza fantasmal de cualquier viajero que se pueda atrapar) domina las noches.

Paganos helenos

Los paganos helenos no se ajustan al panteón celta. En lugar de eso, se pasan el mes de octubre honrando a Ares y el mes de noviembre honrando a Artemisa. En el mes del boedromión (más o menos entre septiembre y octubre) tienen un festival de los muertos llamado *Genesia* que principalmente honra a los padres y madres fallecidos. Dado que el proceso exacto de la celebración no está claro en las fuentes históricas, los reconstruccionistas helenos hacen su propia interpretación de la celebración de la festividad. Algunos pueden tomar la decisión personal de alinear la celebración con el Samhain como método de conexión comunitaria, pero las festividades celtas no entran dentro de las prácticas helenas.

Brujería Feri

Los que practican la tradición Feri de la brujería creen en la unión extática con lo divino. Esto significa que los rituales suponen una unión directa mediante la danza, los cánticos y los trances. En el Samhain realizan un ritual con el que abren una puerta a la tierra de los muertos a través de la cual pasan las deidades invitadas para prepararlos para la muerte. Se pasan la mayor parte de sus rituales del Samhain comulgando con sus seres queridos fallecidos.

Tradición de la recuperación

Las brujas que practican la tradición de la recuperación consideran estar recuperando los poderes de la igualdad y la justicia. En San Francisco, todos los Samhain honran la festividad y su trabajo en relación a la justicia con un gran baile público en espiral. En este baile, la gente une las manos y baila con pasos cruzados. Desde una perspectiva aérea, este movimiento forma una espiral gigante.

En la Wicca y otras tradiciones paganas iniciales, el Samhain también es un momento popular para las iniciaciones y las elevaciones de grado. A menudo, estas iniciaciones son parte de las ceremonias del Samhain, o tienen lugar en las semanas posteriores, dedicando el calendario ritual entre el Samhain y el Yule a los aquelarres. Como la mayoría de los paganos consideran que la iniciación es profundamente transformadora, ven el momento en el que el velo se vuelve más fino como la gran oportunidad para los cambios radicales: el antiguo yo (anterior a la iniciación) muere para el mundo, y el nuevo iniciado ocupa el lugar de la anterior persona.

Otras festividades y prácticas

Aunque el Samhain y Halloween son las festividades más conocidas de este momento del año, hay más. Muchos son festivales de los muertos o preparaciones para el invierno.

Día de los Fieles Difuntos, también llamado Día de Todos los Santos

El Día de los Fieles Difuntos tiene lugar el 1 de noviembre, o el primer domingo de noviembre, dependiendo de la denominación cristiana. Originalmente era parte de un intento cristiano por absorber el Samhain y festivales de los muertos similares, pero se convirtió en una celebración entrelazada con las festividades paganas que honraban a los muertos. Este día festivo obligatorio de la Iglesia católica es un momento para rezar por todos los muertos y para pedir la intercesión de los que han ascendido al cielo. En la tradición católica, estas oraciones eran necesarias por la creencia de que ciertas almas permanecían en el purgatorio, un lugar tras la muerte a medio camino entre el cielo y el infierno, en el que las almas podían purificar los pecados antes de seguir adelante.

Los cristianos católicos y ortodoxos son los que celebran estas festividades con mayor ceremonia. Algunas denominaciones dividen la celebración en dos días festivos: el 1 de noviembre es el Día de Todos los Santos, y el 2 de noviembre es el Día de los Fieles Difuntos. El 2 de noviembre es para las almas que todavía podrían tener algún pecado que resolver en el purgatorio. Si estos muertos necesitan o no las oraciones de los vivos es un asunto de controversia entre algunos cristianos.

Día de Muertos

En México, la festividad del Día de Muertos del 1 de noviembre honra a los muertos con comida, procesiones y flores. La práctica de honrar a los muertos había sido parte de la vida de los aztecas mucho antes de que llegaran los conquistadores. Sin embargo, la llegada de la Iglesia católica a México significó la subyugación a la rutina católica. En lugar de prohibir el día, la Iglesia sobrescribió su significado con el Día de los Fieles Difuntos y movió la fecha de más o menos julio o agosto al 1 de noviembre. En lugar de suplantar las prácticas del día de los muertos, este movimiento por parte de la Iglesia católica santificó la festividad para la gente que la celebraba.

Durante esta época, la gente construía altares para sus seres queridos fallecidos, hacían calaveras con madera y caramelos, limpiaban y decoraban las tumbas, y hacían pícnics sobre los lechos de sus difuntos. Es diferente al Día de los Fieles Difuntos en el sentido de que los que lo celebran están abiertos a la posibilidad de recibir visitas de sus antepasados en sus hogares.

Dziady de otoño

En los países eslavos, los días entre el 31 de octubre y el 2 de noviembre también son días de festividades para los muertos. Los que practican el cristianismo van a los cementerios de sus familiares fallecidos el 1 de noviembre y enciende velas, de modo que sus seres queridos puedan encontrar el camino al cielo o a casa. Los que practican tradiciones paganas antiguas (o los que a veces practican tanto las tradiciones paganas antiguas como las tradiciones cristianas modernas) también celebran el 2 de noviembre lo que los escoceses y los irlandeses llamaban una cena muda. Los eslavos lo llaman *Dziady*. Preparan un lugar en su mesa de la cena, con cucharas y todo, y la familia habla entre susurros contando historias de sus seres queridos fallecidos. Creen que cualquier manifestación de la naturaleza durante la cena, desde una brisa hasta un insecto, representa la visita de un antepasado.

Estas cenas de los antepasados tienen lugar tres o cuatro veces al año, con rituales estacionales específicos relacionados con cada una de ellas. Los eslavos que todavía siguen esta práctica viven principalmente en el este de Polonia, Lituania y Bielorrusia. El poeta polaco Adam Mickiewicz escribió una obra sobre esta práctica popular, e incluyó escenas en las que los aldeanos llevaban comida y bebidas a una casa abandonada y después atendían a los muertos según la sabiduría popular, en lugar de seguir las costumbres cristianas dominantes.

Hop-tu-Naa

En la isla de Man todavía se celebra el *Hop-tu-Naa*, una especie de antecesor del Halloween moderno y descendiente del Samhain original. Se considera una celebración del Año Nuevo Celta, llamado *Oie Houney* por los maneses. El 31 de octubre, los niños van de puerta en puerta llevando faroles tallados en nabos y cantando. Los *mummers* del Hop-tu-Naa cantan canciones tradicionales en gaélico, como una que se traduce como «Esta es la antigua noche de *Hollantide* / la luna brilla con fuerza». A cambio, los vecinos distribuyen monedas; en la actualidad son para UNICEF, aunque, en ocasiones, se siguen destinando para invertirlas en fuegos artificiales que se encienden en algún momento entre el 31 de octubre y el 5 de noviembre.

Noche de las travesuras / Día de Guy Fawkes

Las hogueras de Gran Bretaña del 31 de octubre acabaron moviéndose al 5 de noviembre. Aunque algunas zonas se refieren a este momento como la «noche de las travesuras», la Iglesia católica y la Iglesia de Inglaterra acabaron llamándolo «Día de Guy Fawkes», en conmemoración de un hombre llamado Guy Fawkes, que fue arrestado cuando lo descubrieron debajo de las Casas del Parlamento en posesión de explosivos con los que pretendía hacer volar el edificio. Durante este día, los jóvenes encienden fuegos artificiales y tocan campanas, aparentemente por la salud y la seguridad de la reina y el parlamento, mientras queman efigies de Guy Fawkes. Aunque se pretendía que fuera una advertencia contra la traición, el lanzamiento de la película *V de Vendetta* trastocó el significado de la máscara de Guy Fawkes en un símbolo únicamente de rebelión. El Día de Guy Fawkes reemplazó a la noche de las travesuras original, y reemplazó en su mayor parte a las hogueras tradicionales de la noche del Samhain en el Reino Unido.

Reuniones y festivales modernos de Samhain

Aunque no todos los paganos modernos tienen por qué celebrar el Samhain, o no lo tienen por qué celebrar el 31 de octubre, a menudo encuentran razones para reunirse a finales de octubre y principios de noviembre. Muchas organizaciones paganas deciden empezar y terminar su calendario anual alrededor de esta fecha. A menudo, los paganos consideran que la temporada «festiva» que engloba el Día de Acción de Gracias y la Navidad comienza con el Samhain.

Rituales públicos

A veces, los aquelarres locales o las organizaciones paganas más grandes celebran rituales públicos durante el Samhain. Estos rituales pueden ser grandes o pequeños, en interiores o en exteriores. A menudo tienen lugar unos cuantos días antes del 31 de octubre para que puedan asistir los que también tienen celebraciones privadas en esa fecha. Tanto el culto de la diosa como la tradición de la Reclamación hacen rituales de Samhain anuales y públicos bien conocidos. A menudo se pueden encontrar anuncios de estos eventos en las tiendas paganas de la zona o por comunidades en internet.

Bailes de brujas

Cuando es posible, las comunidades paganas alrededor de Estados Unidos celebran un baile de brujas cerca del Samhain pero no en ese día, para no entrar en conflicto con las celebraciones del Samhain privadas. Estas celebraciones a menudo incluyen comida, bebida, bailes, música y, por supuesto, ¡disfraces! La gente que busca eventos a los que asistir puede buscar en la página web de su comunidad de brujas para encontrar celebraciones especiales de Samhain por todo Estados Unidos. Se han celebrado bailes de brujas muy conocidos en Nueva Orleans, Denver, Detroit y Salem. Si no hay ninguno en tu zona, ¡puedes organizarlo tú! Se tarda alrededor de un año en planificar estas grandes reuniones, así que utiliza tu tiempo de meditación de Samhain para averiguar cuál va a ser la mejor forma de comenzar con el evento, y utiliza algo de magia para que se cruce en tu camino la gente adecuada para ayudarte a organizarlo.

Reuniones profanas y festivales

Aunque el Samhain, al igual que el Día de Muertos, todavía sigue siendo en gran parte un festival religioso, muchos paganos mezclan las tradiciones propias de sus hogares con algunos de los aspectos festivos de la celebración religiosa. A menudo esto incluye la participación en eventos divertidos de la temporada: maratones de películas de terror, bailes de máscaras, paseos en carro y visitas a casas encantadas.

Casas encantadas

La temporada de Halloween siempre incluye eventos divertidos que nos preparan para este día. Una de las actividades más populares es la de las casas encantadas. Es como un teatro experiencial, en el que el público camina por un edificio a oscuras y se enfrenta a escenas terroríficas o absurdas. La gente que las organiza pueden ser desde personas que quieren recaudar fondos para alguna organización benéfica, hasta artistas que buscan un nuevo medio interactivo o compañías de entretenimiento que se benefician de parte de los miles de millones que genera Halloween cada año. Las ubicaciones de las casas encantadas pueden estar casi en cualquier sitio. Se pueden organizar en casas privadas, iglesias, almacenes antiguos, cárceles cerradas o graneros. Algunos granjeros hasta han mejorado sus tradicionales paseos en carros de heno con paseos embrujados por el bosque y escenarios monstruosos por los que el tractor lleva a los pasajeros.

Fiestas de disfraces

La tradición de vestirse como seres terroríficos de la noche ha dado paso a los disfraces de cualquier cosa que te pueda apetecer. Para los niños, los disfraces son parte del intercambio o el truco o trato. Para los adultos, es una forma de pasarlo bien que solo se permite en Halloween o en convenciones de ciencia ficción. A menudo, la gente se disfraza para los bailes de máscaras en los que se exige un disfraz para entrar. En línea con la naturaleza de romper los cánones de la festividad, la gente también suele llevar los disfraces para ir al trabajo o para hacer sus quehaceres durante el día de Halloween. Para los paganos, disfrazarse es una cuestión de gusto personal. Muchos participan en esta diversión, mientras que otros deciden no hacerlo porque ya llevan túnicas y otras prendas rituales específicas durante sus celebraciones.

Truco o trato

Lo que una vez fueron pobres yendo a las casas de los ricos pidiendo comida a cambio de plegarias, en el Nuevo Mundo se transformó en niños llamando a las casas de sus vecinos para decir «Truco o trato». Los vecinos se llevan el entretenimiento de ver a niños graciosos disfrazados, y los que no son padres tienen la posibilidad de dar azúcar a niños que no tienen que cuidar. La frase ritual «truco o trato» ya no es la amenaza genuina que fue una vez, que consistía en que si un vecino (normalmente por objeciones religiosas) se negaba a «hacer un trato» y dar golosinas a los niños que iban de puerta en puerta, estos le hacían un «truco» (alguna gamberrada). La historia de las «bromas de umbrales» (arrancar estacas de las vallas o sacar las puertas de sus goznes) dio paso a aplastar las calabazas, lanzar huevos a las casas, tirar papel higiénico y un amplio abanico de bromas que rozan la frontera entre el vandalismo y el arte performativo. Las ordenanzas que regulan la edad de los niños que van a hacer truco o trato varía de una ciudad a otra, pero a menudo sirven para preservar la diversión pública en Halloween mientras se minimiza el daño a las propiedades. Hoy en día, la mayoría de la gente considera que el truco o trato es una formalidad ritual, más que una amenaza real.

Muchos paganos disfrutan de forma genuina del truco o trato. Los niños monos con disfraces siempre son graciosos, y muchos paganos también tienen hijos, así que también participan. La mayor parte del tiempo, el truco o trato se hace antes de la puesta de sol, de modo que no haya ningún problema. A veces, sin embargo, cuando los paganos realizan sus propias celebraciones de Samhain, puede que necesiten un tiempo tranquilo y sin interrupciones para realizarlas. Cuando es así, la costumbre es dejar la luz del porche apagada. La mayoría de los que hacen el truco o trato respetan esta política.

Juguetes en vez de caramelos

Aunque normalmente pensamos en caramelos cuando hablamos del truco o trato, el trato puede ser cualquier cosa pequeña que haga disfrutar a los niños. Para ellos, un juguete, una historia o una nueva experiencia puede ser un trato tan bueno como el azúcar. Si prefieres dar algo que no sean caramelos, puedes plantearte estas alternativas caseras para satisfacer a los niños.

- ***Rollitos de historias*:** Imprime cuentos cortos sobre Halloween en una hoja de papel, córtalos en trozos pequeños, enróllalos y átalos con un lazo. Si tienes hijos, pídeles que hagan sus propios cuentos de tres o cuatro líneas para los rollitos.

- ***Origamis de la suerte*:** Puedes honrar la tradición de las adivinaciones del Samhain sin sumarte a la montaña de azúcar. Utiliza papel de origami o papel de revista cortado en cuadrados para hacer «galletitas de la suerte» en las que meterás trozos de papel con predicciones divertidas o hechos graciosos.

- ***Comecocos de papel*:** Puedes honrar la tradición del Samhain de la adivinación con esta manualidad escolar. Se conoce popularmente como «comecocos», y es un adivinador de papel en cuyo interior puedes escribir números, símbolos o nombres. Son sencillos de hacer, aunque puede llevar algún tiempo. Pueden ser un buen proyecto para hacer durante un maratón de películas de miedo.

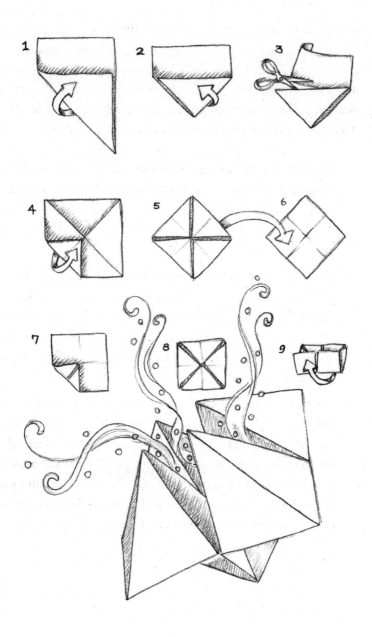

Comecocos

- **Ceras de arcoíris:** Si en tu familia se utilizan muchas ceras para colorear, es probable que tengas una colección de trozos de ceras que son demasiado pequeñas para utilizar, pero demasiado grandes para tirar. Puedes darles una nueva vida haciendo ceras de arcoíris. Coge los trozos de ceras y mételos en un molde de silicona de la forma que prefieras (si es un molde con temática de Halloween, ¡mucho mejor!). Coloca el molde sobre una hoja de papel para hornear y mételo en el horno a la temperatura más baja durante treinta minutos. Apaga el horno, saca el papel y el molde y deja que se enfríen. Cuando esté frío, puedes sacar la cera del molde y ahora tendrás una cera arcoíris para dar a los niños que vengan a hacer el truco o trato.

- **Regala un libro:** En 2010, el aclamado escritor de fantasía y de cómics Neil Gaiman hizo una propuesta: regalar libros en Halloween. Puedes conseguir libros en ventas de garaje u ofertas de librerías, o reunir pilas de libros que sabes que no vas a releer. Si hay muchas tiendas de segunda mano en tu zona, puedes hablar con los encargados para comprar libros infantiles en lote: muchas veces pueden hacerte un descuento por ayudarles a reducir inventario.

Actividades sugeridas

En Halloween/Samhain hay muchísimas actividades divertidas para adultos o niños. Puedes llenar el mes de octubre con toda clase de manualidades espeluznantes, actividades comunes o juegos de adivinación.

Tallar calabazas

Para niños mayores y adultos, tallar calabazas sigue siendo una tradición de Samhain muy querida, aunque trabajosa. Si puedes, talla las calabazas en un espacio exterior, pero si el tiempo no te lo permite, asegúrate de cubrir toda la zona de trabajo de papel de periódicos, incluidos los lugares donde creas que no va a llegar la calabaza. Es posible que ocurra, sobre todo si hay niños presentes.

Si quieres hacer algo más histórico y tienes habilidades de talla avanzadas, también puedes comprar remolachas y nabos para tallarlos. Tendrás que hacerlo en un espacio más pequeño y, a diferencia de las calabazas, no son tan blandos por dentro, así que hace falta más trabajo para vaciarlos.

Al terminar, mucha gente coloca velitas pequeñas dentro. Sin embargo, los vientos otoñales no siempre cooperan, así que mucha gente coloca también luces LED o linternas en su interior. Si te sientes con muchas ganas de jugar, puedes meter dentro algún juguete que haga ruido con sensor de movimiento: ¡te alertará si alguien tiene malas intenciones con tu indefensa calabaza!

Hogueras

Las hogueras se remontan a los días de los druidas, cuando los aldeanos de la zona apagaban los fuegos de sus hogares y después volvían a encenderlos con una llama que llevaban desde el fuego de Samhain. Aunque las compañías eléctricas modernas han dejado obsoleta esta tradición, la hoguera todavía se ajusta a esos ritos antiguos. Prueba a hacer una ceremonia formal en la que enciendas una vela con el fuego y después te la lleves a tu casa. También podrías practicar la adivinación mirando al fondo de las llamas y observando las visiones que aparecen en tu mente.

Diversión con manzanas

Las manzanas se volvieron populares en las celebraciones de las cosechas entre septiembre y noviembre. Se asocian con las brujas malvadas que están por todas partes durante la temporada del Samhain, y los juegos con manzanas dan vidilla a la temporada.

Adivinación con peladuras de manzana

Aunque antiguamente se utilizaba para determinar la inicial de la persona con la que se iba a casar alguien, la esperanza de vida mayor de hoy en día y la menor necesidad económica del matrimonio han transformado esta tradición. Así que, si coges un pelador de frutas o un cuchillo y le quitas su piel a la manzana en una tira larga para tirarla por encima del hombro, da por hecho que las letras que forme son las iniciales de tu próxima pareja romántica, acabéis casados o no.

Manzanas en la cuerda

Si preparas una hoguera, prueba a hacer este juego de adivinación: ata tres cuerdas a tres manzanas. Haz que se coloquen tres personas delante del fuego, cada una de ellas sujetando una manzana por la cuerda. La primera manzana que se caiga pertenecerá a la persona que conseguirá casarse primero. Si una manzana no se cae de la cuerda hasta que se extinga el fuego, esa persona no se casará nunca.

Morder manzanas

Esto funciona mejor en espacios donde haya vigas en el techo o cañerías fuera de la pared. Cuelga manzanas de las vigas con una cuerda, o átalas a un palo que llegue hasta el techo. Haz un concurso para ver quién es capaz de darle un mordisco a la manzana manteniendo las manos detrás de la espalda.

Pesca de manzanas

Reserva este juego para los adultos o adolescentes mayores: podría provocar problemas de seguridad (o retenedores perdidos) con los más jóvenes. Haz flotar manzanas en un barreño grande de agua. De nuevo, los jugadores no pueden utilizar las manos, y solo pueden utilizar los dientes para pescar las manzanas. Los escoceses a veces tiraban una moneda de plata al fondo del barreño, que normalmente se llevaba el afortunado que tuviera una mayor capacidad pulmonar. Por lo general, este juego es más divertido para adolescentes y adultos que para niños pequeños.

Haz tu propia casa encantada

Aunque visitar casas encantadas es divertido, ¡trabajar en una lo es todavía más! Puedes darle un enfoque serio, terrorífico o ridículo: tal vez puedes preparar un paseo tridimensional por tu inframundo favorito y hacer que los guías del trayecto hagan las veces de espíritus que guían a los muertos. Tal vez quieras también representar tus escenas favoritas de películas de terror (o parodias de terror), o que la gente se encuentre con distintas celebridades muertas por el camino. ¡Plantéate esto si estás buscando una forma de recaudar fondos para tu actual organización pagana!

Adopta a un ancestro

En la mayoría de las comunidades hay cementerios antiguos. Algunos todavía reciben mantenimiento con cariño, mientras que otros languidecen en el abandono. Esta decadencia ocurre especialmente en los cementerios rurales. Puedes organizar una procesión solemne en un cementerio que permita esparcir flores. Ve al cementerio con un amigo o dos, o con tus hijos, y mira con atención las tumbas abandonadas. Si te sientes bien, encárgate de esa tumba. Limpia las hojas o residuos que pueda haber, avisa a los vigilantes del cementerio si ves señales de vandalismo y, cuando acabes, haz una pequeña ofrenda de agua al suelo de la tumba. Antes de marcharte, detente para dirigir una plegaria a los dioses o la tierra, pidiendo que esa alma descanse y su tumba sea honrada. Es una forma agradable de honrar a todos los ancestros, especialmente a aquellos a los que el tiempo ha olvidado.

Adopta a un ancestro vivo

Esta es una buena época del año para hacer voluntariado en las residencias. Como se trata de una época de exploración ancestral, también es un buen momento para hablar con vecinos de los cuales apenas sabemos nada. El mundo ha cambiado con rapidez durante el último siglo, especialmente en las formas que tenemos de viajar y compartir información. Pasa un tiempo entrevistando a personas que hayan nacido antes de 1950 sobre cómo solían celebrar el día de Halloween y, si no lo hacían, pregúntales lo que hacían durante el otoño.

Crea un Halloween más seguro

Si demasiada gente de tu comunidad utiliza Halloween como una excusa para el mal comportamiento, ¡haz un esfuerzo por cambiar eso! La mayoría de los departamentos policiales tienen un grupo de voluntariado ciudadano que puede patrullar las calles y vigilar que no haya comportamientos dañinos. También puedes contactar con alguien que se encargue de la vigilancia de tu calle.

Sin embargo, es posible que vivas en una comunidad donde la policía tenga malentendidos con los rituales paganos públicos. En lugar de repetir círculos viciosos y esperar que no pase nada, ¡actúa de forma proactiva! Ofrece a tu grupo o a ti mismo como apoyo para la policía cuando crean que puede haber algún crimen relacionado con el ocultismo, e invítales a sesiones amistosas de preguntas y respuestas antes de cualquier ritual público. Asegúrate de informarte con el Ayuntamiento o el departamento apropiado sobre las ordenanzas públicas que podrían ser de interés para tu grupo si realizáis un ritual público en el exterior. Aunque esto no va a funcionar en todas partes (a veces, las supersticiones de la gente sobre las religiones distintas a la suya pueden pesar más que los hechos), en muchas zonas la policía agradece este contacto proactivo.

Haz una fiesta de adivinación

El Samhain es la temporada de la adivinación. Invita a tu casa a amigos de mentalidad similar para probar métodos modernos y tradicionales de pronosticación. Probad a leeros entre vosotros utilizando el tarot, runas, el *I Ching* o incluso una bola mágica de billar. Si te sientes con ganas de aventura, puedes hacer un juego para inventar un método de adivinación. A lo mejor, puedes servir un postre basado en la adivinación irlandesa, como hacer un biz-cocho que contenga un anillo, un dedal y una moneda. El anillo significa matrimonio, el dedal significa soltería, y la moneda significa riquezas.

Si puedes limpiar tu tejado fácilmente sin molestar al casero o a los vecinos, prueba a lanzar zapatos por encima de tu casa. El lugar donde aterrice el zapato señalará la dirección en la que irá la persona que lo ha lanzado durante el año siguiente. Si tienes práctica leyendo los posos de té, anímate a hacerlo. O puedes hacer una adivinación con clara de huevo, abriendo un agujero a un huevo y derramando la clara en un vaso de agua para leer las formas de su interior. Asegúrate de tener un cuenco de ave-llanas: si hay una hoguera encendida, los invitados pueden coger dos avellanas, nombrar cada una con el nombre de una persona, y lanzarlas al fuego. Si restallan y se alejan, esas personas son incompatibles; si permanecen cerca, esas personas se llevarán bien. Túrnate con los invitados para llenaros la boca de agua y escuchar la fiesta a través de una ventana de fuera: los prime-ros nombres que escuchen a escondidas en la conversación serán nombres de gran significado para ellos durante el año siguiente.

La cadena de velas

Las tradiciones druidas encontraron maneras de sobrevivir de nuevas formas en la Irlanda histórica. Aunque el encendido de los fuegos de los hogares con el fuego sagrado de Samhain desapa-reció a causa de la tradición cristiana, los irlandeses encontraron una forma inteligente de mantener la tradición. Como dijo una vez el clérigo James Keller, «una vela no pierde nada al encender otra vela». En octubre, las irlandesas se dedicaban a fabricar una vela que representara su hogar. Después, la mujer de la casa encendía la vela y se la llevaba a su vecina, ofreciendo plegarias o bendiciones. La vecina encendía entonces la vela que había hecho con esa llama, y después se la llevaba a la siguiente vecina. Pronto, todas las casas estaban conectadas, luz a luz, con el paso de la vela de cada casa.

Puedes hacer una cadena de plegarias con velas al igual que las antiguas irlandesas. Pide a amistades que vean la magia con buenos ojos que se unan a ti en esto; si sale bien, podéis convertirlo en una tradición duradera. Si queréis fabricar velas, estupendo, pero comprar simplemente un paquete de velitas o cirios de cualquier color servirá.

Contar historias

Todas las tradiciones espirituales continúan y crecen gracias a las historias que se cuentan. El propio Samhain podría tener la tierra más fértil de todas para estas historias. Cada ser humano guarda alguna clase de historia, aunque sea una pequeña. Puedes contar una historia sobre algún abuelo, algo que te enseñara, algo que te hiciera reír, algo que te hiciera preguntarte por los misterios de sus vidas o por los recuerdos que nunca compartieron contigo. Si puedes contar alguna historia espeluznante, hazlo. A la gente muchas veces le gusta compartir sus propias experiencias espeluznantes, como momentos de ver a un fantasma o de sentir el futuro. Las noches más entretenidas son las que están llenas de historias compartidas.

Haz un maratón de películas mágicas

Uno de los temas menos verbalizados del Samhain es el que las películas de terror y de fantasía capturan a la perfección: la magia es posible. Invita a tu casa a amigos a los que también les guste este género y ved películas o series de televisión que exploren la hechicería, la vida después de la muerte, los velos del tiempo y los mundos alternativos. Estos son algunos títulos sugeridos que podrías probar:

- *Tan muertos como yo*
- *Wonderfalls*
- *Prácticamente magia*
- *La máscara de cristal*
- *Más allá de los sueños*
- *Haven*
- *Midnight in Paris.*

Haz una vigilia de Samhain

Los irlandeses solían pasar la noche de Samhain sentados junto al fuego de su hogar. Si no tienes un fuego del que ocuparte, todavía puedes hacer algo relacionado con el fuego, como fabricar velas. Puedes utilizar este tiempo para meditar sobre el año transcurrido y proponerte intenciones para el año que está por delante. Tal vez tengas más éxito si solo escoges un objetivo y te pasas la noche planeando los pasos para lograrlo. Si prefieres una noche más tranquila, puedes mantenerte en vela con esta actividad tan útil.

El Samhain es una festividad muy seria, al igual que Halloween es inmensamente divertida. Esto no genera conflictos para la mayoría de los paganos porque, a menudo, la celebración forma parte de las religiones paganas tanto como la solemnidad. Muchos paganos sienten un cariño especial tanto por Halloween como por el Samhain: estas festividades honran a los muertos y nos permiten recordar los momentos graciosos y divertidos de cuando estaban vivos. Halloween también nos anima a enfrentarnos a nuestros miedos y celebrar que la magia es posible.

HECHIZOS Y ADIVINACIÓN

...bereavement... mourning, beginnings, endings, ...tion, wisdom, survival, preservation, hunting, other worlds, release from old bonds, road openings, fire, protection, sun scorpio, sun sign of scorpio, dark moon, pleiades at highest midnight, the crone, the grieving mother, the grieving wife, ... Persephone and Hades, Ereshkigal, Osiris, Janus, Cerr... ...es, the Daghda, Hecate, Dis Pater, Hel, Inanna, ... Lilith, Macha, Mare, the Morrigan, Osiris, Isis, ...nnon, Samana, Teutates, Taranis, the Horned God, the ...ge-brown, yellow, grey, green, cedar, dittany of crete, sage ...wheat, rye, pumpkins, hazel, hemlock, chrysanthemum, ...ld, jet, obsidian, onyx, carnelian, moonstone, iron, black ... ...ots, ravens, decaying leaves, myrrh, copal, death, wheel of ... ...riestess, cauldron, mask, besom, apple, pumpkin, fermented ... ...t, pickled eggs, pickled beets, roasted nuts, ... nuts, apple... ...d, divination, soul cakes, sugar skulls, jack-o-lanterns, ...ing, seances, scrying, bonfires, trick-or-treating, mummer's ... ...ff gravesites, dedicate memorials, visit nursing homes, sanct... ...n gaef, calan gaef, gealach a' ruadhain, calan gaef, hala-...

Octubre y noviembre son momentos del año intensamente mágicos, en parte por sus estados intermedios. En el hemisferio norte no es todavía el fin del otoño, y desde luego no es invierno aún, y eso hace que el mundo sea un lugar espeluznante y variable. A la gente mágica le encanta esa atmósfera; es la mejor para hacer hechizos y echar las cartas. Después de todo, el Samhain es la época en la que todo puede suceder, y la magia consiste en asegurarnos de que lo que pase sea bueno.

Hechizos de los vivos

El Samhain es una época para plantearnos lo que necesitamos para sobrevivir. Las brujas listas utilizan toda la energía del Samhain que pueden para hacer que el invierno sea más soportable.

Hechizo de fuego necesario

El fuego necesario es una hoguera que se utiliza para generar energía mágica para un propósito específico, normalmente una necesidad de supervivencia seria. Este fuego es para las necesidades profundas: deseos para que alguien recupere la buena salud de una enfermedad especialmente peligrosa, peticiones de dinero para superar el invierno (de modo que no te corten la calefacción), e incluso de un hogar nuevo si no tienes una morada actual o si la que tienes es un refugio inadecuado para el invierno.

Si vives en un lugar donde puedas acceder fácilmente a un pozo para hacer fuego, reúne lo que necesites para encenderlo y lleva jarras de agua para extinguirlo. Además, asegúrate de tener papel, bolígrafos, una lista de necesidades y ofrendas de hierbas secas (la camomila, las caléndulas y el romero son apropiadas). Establece la zona del fuego como un espacio sagrado, y después préndelo. Cuando esté ardiendo con firmeza, escribe diferentes necesidades en un trozo de papel y después tíralos al fuego, diciendo: «Espíritu de la llama del Samhain, encárgate de estas necesidades durante el próximo año». Haz una ofrenda después de las peticiones. Cuando termines, medita junto al fuego hasta que comience a extinguirse. Asegúrate de apagar el fuego por completo antes de marcharte.

Hechizo para arreglar viejas deudas

Un proverbio irlandés dice que «todo el mundo tiene deudas en Halloween». Dado que el Samhain es el momento de sacar lo viejo para que entre lo nuevo, es una época excelente para pedir ayuda a la magia para arreglar tus propias deudas. Estos días todo el mundo las tiene, ya sea el pago estándar de una hipoteca, ese persistente préstamo para la universidad, o la factura de ese mes que se te averió el coche que cargaste en la tarjeta de crédito.

Para este hechizo vas a necesitar un recipiente a prueba de fuego, algunas copias de facturas que ya hayas pagado y una hierba de destierro fuerte, como el sello de Salomón, la mejorana o unas ramitas cortadas de un arbusto de lilas. Realiza este hechizo en el exterior o en un espacio bien ventilado si es posible.

Coloca las facturas en el recipiente y préndeles fuego, recitando:

Mientras estas facturas arden,
las cadenas se funden,
las deudas se pagan,
las deudas se mueren.

El dinero que gane
será para mí.

Mientras arde cada factura, añade un poco de la hierba que hayas elegido. Repite este hechizo todos los meses hasta que las deudas estén pagadas.

Hechizo contra la tristeza

Una de las razones por las que practicamos la adivinación durante el Samhain es porque sus mensajes llegan con mayor claridad. También lo hacemos porque queremos el consuelo, todo el que podamos conseguir, de que las cosas van a salir bien. Si te preocupa lo que pueda pasar y sientes que los años anteriores ya has sufrido suficiente, crea esta protección contra la tristeza antes de realizar ninguna adivinación.

Para este hechizo, consigue una pistola de pegamento, un trozo de cartón o de cartulina, una rama de helecho, una bufanda fina, unas cuantas agujas de costura y un medallón del arcángel San Miguel o una imagen de una deidad que consideres protectora. Cada símbolo es una protección contra el dolor.

- *El helecho:* mantiene alejados a los viejos fantasmas, internos y externos.

- *La imagen de San Miguel:* te protege de todo daño; si prefieres no invocar a los ángeles, también funcionará si utilizas una deidad de tu propio panteón o una figura histórica que respetes.

- *La bufanda:* representa el velo de Isis o a la persona lo bastante valiente como para mirar más allá del propio velo entre la vida y la muerte. En este caso, estás pidiendo que las cosas se queden detrás de ese velo.

Pega el símbolo del arcángel al cartón, y después pega la rama de helecho de forma que enmarque el símbolo. Envuelve la bufanda alrededor de la parte superior de las ramas y clávala al cartón con las agujas.

Lleva esta imagen a tu espacio sagrado y habla sobre tus problemas recientes con sinceridad, como lo harías con un amigo en quien confíes. Explica por qué necesitas un respiro en este momento. Cuélgala enfrente de la puerta de entrada, de modo que la imagen esté detrás de ti cada vez que recibas a un visitante.

Hechizo para sanar la pena

El Samhain es el sabbat más sagrado y, a menudo, el más celebrado de todos. En su santidad hay una parte que es difícil de celebrar: la rememoración. Cuando recordamos, sentimos. Y cuando sentimos, a veces podemos sentir dolor. A veces es dolor por alguien que ha muerto, y otras, dolor por cosas que fueron una vez, o que nunca fueron, y por nuestros propios fracasos. Todo esto son partes naturales de esta temporada, tanto como la alegría y el misticismo.

La pena tiene un lugar en todo esto, pero a veces el duelo se lleva demasiada energía nuestra y, en lugar de actuar como una forma de enseñarnos lo que valoramos, modifica por completo nuestra visión del mundo. Estos hechizos dejan la pena en un lugar adecuado, poniéndonos al corriente de lo que hemos perdido para que sepamos cuáles son las cosas en la vida que debemos valorar.

Para este hechizo, prepara un vaso de agua, una amatista, un cuarzo rosa y una hematita. Deja las piedras en el vaso durante la noche. Utilizando cada piedra una por una, vierte unas gotas de agua sobre tu cabeza cada mañana, recitando cada vez:

Piedra preciosa a las almas doloridas
Ayúdame a sanar las heridas
Arregla lo que este dolor ha dañado
Y que esa pena se quede en el pasado.

Hechizo para romper una racha continuada de mala suerte

Parece que la mala suerte nunca es un incidente aislado. No te ponen solo una multa por aparcar mal, sino que el mismo día recibes la multa por aparcar mal, un aviso de impago, y descubres que tienes que hacer reparaciones en el tejado. La mala suerte es como una racha que te estropea las cosas buenas que pueden pasar.

Puedes romper esa racha con un hechizo muy sencillo. Lo único que necesitas es sal de mesa.

Haz tres líneas de sal sobre la mesa. Las tres han de tener el mismo tamaño. Pasa el brazo derecho en círculo alrededor de la sal, agacha la cabeza y recita:

> *Madre bendita, que eres eterna,*
> *limpia mi espíritu de lo que me atormenta*
> *que el bien a mí otra vez venga.*

Limpia la sal y tírala; no la reutilices.

Hechizo para ayudarte en el flujo creativo

Para los artistas, el invierno es a menudo su momento de mayor productividad. Sin embargo, la oscuridad que viene con el Samhain puede debilitar la imaginación, y el frío puede hacer que acurrucarte acompañado de una bebida caliente sea más apetecible que trabajar. Este hechizo te ayuda a que la creatividad siga fluyendo en esos momentos en los que podría ganar la inercia. Puedes llevarte contigo un poco de la energía restante del verano a la parte oscura del año, de modo que tengas algo de luz en tu interior con la que poder iluminar tu propio flujo creativo.

Prepara un trozo de sal de roca, un poco de leche (animal o vegetal) y una taza o un vaso. Mete la roca dentro de la leche, recitando:

Despeja la mente,
que el flujo se vuelva vivo,
alinea la mente
en un resplandor creativo.

La leche carcomerá la sal. Mientras la sal se funda, también lo hará tu bloqueo creativo.

Hechizos de los muertos

Aunque esta temporada es una época de magia, también es época de honrar a la muerte, celebrar los recuerdos y trabajar con los espíritus. Los paganos no temen a la muerte más o menos que cualquier otra persona. Pero sí que hacen un esfuerzo por aceptarla y normalizarla como parte de la naturaleza. La magia que trabaja con los muertos, o que reconoce la muerte interior, ayuda con este proceso de aceptación. Desde la comunión con los ancestros fallecidos hasta enviar problemas psicológicos a sus tumbas metafóricas, las brujas de todas las clases encuentran formas de aprovechar que el velo se ha vuelto más fino.

Hechizo para hablar con tus ancestros

Cuando los antepasados cruzan el velo, en ocasiones lo hacen en la forma que los recuerdas. Sin embargo, más a menudo adoptan aspectos que son como metáforas de lo que quieren comunicarte: una mariposa para decirte que su alma ha sobrevivido, una brisa para sugerirte la dirección que debes seguir, o a veces un olor específico que asocias con esa persona. Estas formas podrían limitar la comunicación.

Sin embargo, si quieres entrar en algún tipo de trance, puedes entablar una conversación bidireccional. Si lo intentas, es buena idea tener a alguien de confianza cerca para que compruebe cómo estás y te mantenga a salvo. Pasa algún tiempo rezando para pedir protección a tu deidad antes de entrar en el trance para asegurarte de que solo aparezcan ancestros con intenciones similares a las tuyas.

Prepara tu espacio sagrado con un asiento cómodo y una mesa con fotos y recuerdos del antepasado o los antepasados con los que desees comunicarte. Prepara una lista de preguntas que quieras hacerles. También podrías prepararte un té de camomila, gordolobo y artemisa para que te ayuden a relajarte.

Después de preparar el espacio, date un baño. Visualiza cualquier energía conflictiva yéndose por el desagüe. Haz una pausa para ungirte con aceite protector y pronuncia algunas plegarias de protección más mientras tanto. A continuación, vístete con la ropa que elijas (mejor si es cómoda) y prepara un pequeño plato de comida y una bebida pequeña para tus antepasados visitantes. Llévalo al altar y, después, realiza cualquier ritual para consagrar un espacio.

Siéntate en tu silla o sobre los cojines y respira hondo varias veces, tantas como necesites, hasta que sientas que te estás relajando. En ese momento, anuncia a los ancestros que te gustaría conversar con ellos esa noche. No digas nada más. Continúa con la respiración profunda, prestando atención con calma a lo que oigas, veas, huelas y sientas.

Cuando sientas que has completado tu ritual, da las gracias a los ancestros por su tiempo y pídeles que regresen al lugar del que han venido, expresando tu amor y tu gratitud por cruzar el velo para venir a verte.

Date unos momentos para apuntar cualquier información que te haya parecido importante. Cuando termines, abre tu lugar sagrado, tira o entierra la ofrenda de comida, y realiza alguna actividad animada que celebre la vida.

Hechizo del dinero del infierno

Aunque a menudo pensamos que nuestros ancestros son omnipresentes y posiblemente omniscientes, algunas tradiciones dan por hecho que los antepasados también tienen sus propias vidas después de la muerte de las que ocuparse. En China, la gente busca formas de ayudar a sus parientes fallecidos. El dinero del infierno son billetes destinados a los muertos. Se puede comprar en los supermercados chinos, o puedes diseñarlo e imprimirlo tú. Se cree que cuando quemas este dinero se va al más allá, de modo que los fallecidos puedan disfrutarlo en la economía de la otra vida. Si decides enviar dinero a tus ancestros, asegúrate de que sean grandes cantidades: ¡la inflación es exagerada en la tierra de los muertos!

Puedes realizar este hechizo como acto de reciprocidad para los abuelos o parientes fallecidos que hicieron sacrificios por ti o te ayudaron cuando estaban vivos. Piensa en ello como una forma de dar las gracias a tus abuelos por todas esas veces que te dieron dinero a escondidas por tu cumpleaños.

El dinero del infierno también puede utilizarse para pagar la ayuda de los espíritus elementales, como una propina después de que hagan algún recado.

Si quieres atraer ayuda para ti, consigue una bolsita roja que se cierre con cordel, un imán (sirve uno que quites de la nevera) y una nota pequeña en la que escribirás lo que te gustaría atraer. Lleva la bolsita contigo hasta que lo que quieras sea parte de tu vida. Cuando hayas obtenido lo que deseas, el hechizo ya habrá hecho su función. Guarda la bolsita y el imán, y quema el dinero del infierno y la nota. Cuando haya una nueva necesidad en tu vida, simplemente añade un nuevo billete de dinero del infierno y otra nota y vuelve a llevar la bolsita.

Hechizos de protección

Según la sabiduría popular y las creencias modernas, el Samhain/Halloween señala una temporada peligrosa. El velo se vuelve más fino y eso pone a prueba nuestro valor contra lo desconocido, y las actividades propias de la fiesta a veces nos obligan a mantenernos alejados mientras nuestros seres queridos vivos corren riesgos grandes y pequeños como parte de la diversión. Olvida un poco tus preocupaciones añadiendo unas cuantas medidas protectoras mágicas junto a los esfuerzos diarios.

Protección para el truco o trato

Todos los padres quieren que sus hijos estén a salvo durante la noche de Halloween. Aunque muchos hacen esto insistiendo en acompañar a sus hijos en las rondas de truco o trato, puede que los niños mayores quieran más independencia. Además de la cinta reflectante, linternas y múltiples advertencias sobre comportamientos extraños, así como ignorar sus protestas e ir con ellos de todos modos, suma unos cuantos detalles protectores a sus disfraces, zapatos e incluso al fondo de sus cubos para las golosinas, para evitar que acaben deambulando hasta el país de las hadas.

Cose esto dentro del forro de sus disfraces:

Dos trozos de madera de serbal atados juntos con un hilo rojo para formar el signo más. Actualmente se puede comprar la madera por internet. A las hadas no les gusta la madera de serbal, así que esto las mantendrá alejadas de tus hijos.

Pega esto al fondo de su cubo de caramelos:

Busca una piedra bruja (una piedra con un pequeño agujero natural en el centro) y pégala en el fondo interior del cubo de los caramelos. Los espíritus problemáticos se mantendrán alejados de los caramelos. Así, el único mal al que habrá que combatir será el que pueda provocar el exceso de azúcar.

Magia de umbrales

La magia de umbrales sirve para las vulnerabilidades a las que nos exponemos a diario: las cosas intermedias. Cuando pensamos en umbrales, pensamos principalmente en puertas y ventanas. Pero los umbrales son mucho más que eso: puentes, bordillos, vallas y hasta las entradas de agua pueden servir como espacios entre dos mundos. Cada uno de estos lugares tiene una magia poderosa, y son lugares donde eres vulnerable. Estos puntos se alinean con el velo cortando literalmente un espacio entre una cosa y otra, normalmente el mundo interior del hogar y el mundo exterior del universo salvaje. Los siguientes hechizos y prácticas te ayudarán a sellar algunas de estas vulnerabilidades.

Bendición de Samhain para el hogar

Los antiguos paganos solían prepararse para el Samhain con organización y limpieza intensa. Esto se hacía para honrar a los ancestros que vinieran de visita, presentándose de la mejor forma. Probablemente esto también hiciera que el trabajo del invierno fuera mucho más fácil de hacer, ¡ya que lo dejaban todo preparado!

Hoy en día, el Samhain sigue siendo un momento excelente para limpiar y bendecir la casa. Te brinda la oportunidad de sacar la energía estancada y de entretejer señales protectoras y bendiciones por todo tu hogar.

Este hechizo es en realidad una serie de hechizos, y dependiendo del tamaño de tu casa puede que quieras trabajar en una planta por día a lo largo de varios días, o en una habitación por día, especialmente si tienes muchos trastos. Vas a necesitar bolsas de basura para meter las cosas que quieras sacar, ya sea para donar o para tirarlas. También vas a necesitar barritas de incienso o espray de hierbas, una vela azul oscuro, un plato y pequeñas ofrendas de comida, una vela de cualquier color que quieras a modo de ofrenda, y una botella con espray llena de agua salada.

La limpieza de la casa puede realizarse en cualquier momento, y siempre es beneficiosa. Para obtener mejores resultados, repite las limpiezas y bendiciones una vez al mes. Los pasos son los siguientes:

1. Limpieza física

2. Purificación espiritual con aire

3. Purificación espiritual con fuego

4. Purificación espiritual con agua y tierra

5. Hacer una ofrenda a las deidades del hogar o las deidades a las que reces, pidiendo su bendición y protección para tu hogar.

Durante una limpieza de Samhain también deberías colocar una señal protectora en todas las puertas, ventanas, fuentes de información y medios de transporte.

Después de despejar todos los trastos que puedas, purifica la habitación con salvia blanca o una barrita de incienso. Si te da alergia el humo del incienso, puedes purificar la habitación utilizando un espray lleno de té hecho con salvia u otras hierbas limpiadoras, como la citronela o el romero. Pídele al humo o al aroma que haga que cada fragmento de energía que toque se vuelva limpio y saludable.

A continuación, enciende una vela azul oscuro y camina hasta todas las esquinas de tu casa, pidiéndole a la luz que selle tu hogar para protegerlo de cualquier clase de daño.

Coloca la vela en un recipiente a prueba de calor, sitúalo sobre el fogón y deja que se derrita la cera. Después, utiliza la botella del espray para rociar cada rincón, puerta y ventana de tu casa, ruega al agua y a la tierra que combinen sus poderes para que las personas con buenas intenciones puedan entrar fácilmente y las que tengan malas intenciones no puedan acceder.

Cuando hayas terminado de preparar tu casa con esta bendición, enciende la vela de ofrenda y coloca un poco de comida y bebida en el fogón (el equivalente moderno del fuego que se encendía antes en las casas), dedica plegarias a las deidades que tengan más importancia en tu hogar y pídeles protección mientras eliminan todas las energías y los espíritus problemáticos.

Hechizo de protección para el garaje

En las zonas rurales históricas de Irlanda y Escocia había muchos hechizos para proteger los graneros y el grano. Los granjeros paganos pueden seguir utilizando esos hechizos. Desde la llegada del automóvil, la gente mágica también empezó a utilizar la magia de granero con el garaje, ya que protege nuestro medio de transporte principal y más costoso.

Vas a necesitar una fuente de agua corriente. Aunque lo preferible es utilizar una fuente natural, si vives en un lugar aislado y rodeado de tierra, puedes utilizar una fuente pública o simplemente abrir el grifo.

Coge una moneda de plata (cuanto más pura sea, mejor) y un cristal de cuarzo. Moja la moneda en el agua corriente y visualiza cómo interaccionan las moléculas del agua y la moneda y cómo se integran la una en la otra. Coge la moneda y el cristal y pégalos con pegamento o cinta al interior de la puerta del garaje o al techo de tu garaje.

Tal vez quieras tener una segunda moneda y un segundo cristal en un tarro lleno de esa misma agua. Cuando llegue el momento de renovar las bendiciones y defensas de la casa, unge el cristal y la moneda con el agua para regenerar su energía.

Hechizo de protección contra la oscuridad

La oscuridad de la temporada del Samhain es algo complicado. Por un lado, nos da la oportunidad de hacer el tipo de magia que no se lleva bien con la luz del día. Por otro lado, esa oscuridad está con nosotros en todas partes, al igual que las criaturas extrañas de la noche que acechan dentro de nuestras sombras psíquicas. En lugar de sobresaltarte con cada sombra que veas, date un respiro con un poco de coral y azabache.

Coge cada piedra y háblale como si fuera una persona que puede oírte. Dile que necesitas protección y la clase de amenazas de las que necesitas protegerte. Si tienes tiempo, déjalas en una ventana iluminada por la luna durante los tres días de la luna llena, y habla a las piedras sobre los trabajos que tienen asignados durante las horas de luz.

Cuando hayas bendecido y activado las piedras lo suficiente, cóselas a tus guantes o cualquier otra prenda de ropa que te pongas a menudo. Esto te protegerá de las cosas extrañas que acechan en la oscuridad para que puedas seguir con tus asuntos.

Hechizos de amor

La idea de que el Samhain sea una temporada de hechizos de amor podría resultarnos extraña hoy en día. Después de todo, ¿quién quiere ligar con un desconocido mientras su querida abuela fallecida está mirando? Sin embargo, parece que tu abuela podría ayudarte a escoger bien. En la antigüedad, los festivales del fuego eran acontecimientos sociales fundamentales que tenían un papel muy importante en el emparejamiento. Por lo tanto, la mayoría de las adivinaciones de esta temporada consistían en descubrir la identidad de un futuro esposo. Ahora vivimos más tiempo y nuestras prioridades relacionadas con el amor son diferentes; algunos podemos buscar un compañero de vida, mientras que otros buscan un amigo durante un tiempo. El Samhain, debido a su naturaleza a caballo entre los mundos, se adapta mejor a los hechizos para amores y amistades duraderas.

Hechizo para desenmarañar el amor

Si sientes que tu vida amorosa tiene alguna maldición o carga kármica, prueba esto para eliminarla. Tal vez no reemplace la necesidad básica de hacer terapia o de aprender nuevas formas de pensar sobre la conexión emocional, pero es una forma estupenda de declarar tu intención de tratar de ser diferente con respecto al amor durante el próximo año.

Coge una vela púrpura o negra, un plato o cuenco resistente al calor, papel blanco, un rotulador, aceite de ruda o un poco de aceite de oliva mezclado con un puñadito de ruda, un clavo o un lápiz, y uno de tus propios pelos.

Coloca el plato en el centro de tu espacio sagrado. Dibuja un 8 en el trozo de papel. Dibuja cinco signos + dentro del 8 en ambos lados, para tener un total de diez signos. Talla tu propio nombre en la vela y haz gotear el aceite sobre ella desde el extremo de la mecha. Coloca tu pelo sobre el sello y la vela encima. Enciende la vela. Mientras arde, recita siete veces:

> *Del día de Samhain a la oscuridad,*
> *llévate el dolor de mi corazón y mi pesar.*
> *Libera mi corazón de ataduras y sellos*
> *para que el mundo del amor vuelva a ser bello.*

Deja que la vela arda siete minutos al día. Cuando se consuma, lleva el sello dentro de un bolsillo o en la cartera.

Hechizo para liberar viejos amores del pasado

A veces, lo que te impide seguir adelante es un afecto que persiste desde el pasado. El Samhain, al ocurrir en un momento en el que el propio tiempo se encuentra en una fase intermedia, es una época excelente en la que liberar esa energía. Liberando tus viejas ataduras kármicas, te regalas la oportunidad de seguir adelante con tu vida.

Necesitarás una cuerda o un trozo de cordel que sea lo bastante largo como para rodear tu cintura y que sobre algo más de medio metro. También necesitas aceite esencial de citronela para después del trabajo. Para asegurarte de que estos cambios sean irreversibles, frótate los dedos con un poco de aceite de nuez.

Dado que los hechizos de liberación hacen las veces de ceremonias de limpieza, asegúrate de darte un baño antes, concentrándote en todo lo que deseas enviar al más allá. Una vez te hayas bañado, vístete de forma cómoda y establece tu espacio sagrado. Rodea tu cintura con la cuerda y, mientras la tienes a tu alrededor, haz nudos para atar los extremos, añadiendo un nudo por la energía de cada relación que quieras liberar. Mientras haces cada nudo, piensa en una persona específica y en los recuerdos, conexiones y sentimientos intensos que todavía sientes por esa persona. Asegúrate de recordar tanto las cosas buenas como las malas de forma concienzuda. Sigue este proceso para cada nudo hasta que ya no te quede cuerda.

Extiende los brazos y las piernas, imitando al Hombre de Vitruvio de Leonardo da Vinci, y cierra los ojos. Visualiza cómo esas energías te atan y cómo interrumpen el flujo de energía entre tú y el resto del universo. Una vez sientas esa energía de la forma más visceral que puedas, coge el último nudo que hayas atado y desátalo. Respira hondo unas cuantas veces mientras la energía de esa atadura se va fluyendo hacia el universo y fuera de tu vida.

Cuando hayas desatado todos los nudos, deja que la cuerda caiga desde tu cintura hasta el suelo. Frótate las manos y el plexo solar con aceite de citronela, respirando hondo mientras tu piel absorbe el aceite. Después, úngete la coronilla, el corazón y la tripa, mientras te dotas de una nueva capacidad para conectar con los demás de forma romántica. Una vez hayas limpiado tu espacio sagrado, deberías quemar o enterrar la cuerda.

Magia de hadas

La magia de hadas supone una danza complicada entre la protección contra las hadas y la cooperación con ellas. Hay muchas teorías sobre lo que son estas criaturas, pero nadie lo sabe con exactitud. Lo que sí sabemos con seguridad es que, cuando el velo se vuelve más fino, como ocurre en Samhain, es una época que les pertenece a ellas. También sabemos que las hadas son mucho más que esos seres alados tan monos; que, aunque parezcan adorables, muchas veces se trata de una apariencia engañosa. Algunas personas, debido a su educación cultural, quieren evitar a las hadas. Otros las reciben con los brazos abiertos. Lo que leerás a continuación da espacio a ambas visiones sobre estos seres misteriosos.

Hechizo para impedir los robos de las hadas o las pesadillas

Muchas leyendas advierten de que las hadas podrían tratar de secuestrar a los niños. Además, las películas de terror suelen tener éxito en esta época del año, y las imágenes que podrían llevarse a la cama niños y adultos pueden provocar un sueño intranquilo. Este hechizo ayuda a solventar ambos problemas. Debería ser suficiente como para impedir que un hada trate de secuestrar a tu hijo (¡o a ti!), y evitara las pesadillas después de ese maratón de diez horas de *American Horror Story*.

Lo único que necesitas es una piedra bruja. Una piedra bruja es simplemente una piedra con un agujero en el centro que se haya formado de manera natural. Solían ser difíciles de obtener en Reino Unido si no vivías cerca de una playa, pero en la actualidad las puedes pedir por internet. Cuélgala encima de la cama mediante un cordel, o pégala a un trozo de cartón con pegamento. Encima, pega dos clavos largos de hierro que se crucen por el centro. Las pesadillas pasarán a través del agujero, y las hadas errantes no se acercarán a ti.

Hechizo para dar la bienvenida a las hadas

Si quieres que las hadas vengan a tu hogar, tienes que hacer que sea habitable para ellas. Escoge un rincón junto a una puerta o una ventana y deja allí una taza y un platillo. Dentro, coloca una cáscara de huevo vacía (puedes conseguirlo utilizando una aguja para hacer agujeros en uno de los extremos del huevo para vaciar su contenido). Deja cada día un dedal lleno de leche. Cuando lo retires, tómate unos minutos para charlar con tu posible inquilino sobre las reglas de la casa. Además, ten en cuenta que esto solo funciona con leche de animal. Las hadas se toman muy en serio los pactos; si haces una promesa, cúmplela o te enfrentarás a consecuencias desagradables.

Hechizo para reclamar una colmena de abejas

Hay quien cree que algunas de las historias sobre las hadas son metáforas de los espíritus de la naturaleza. Esta metáfora es especialmente probable en el caso de las abejas. Hoy en día, cualquier magia que sirva para propagarlas es bienvenida. Así que, si aparece un enjambre de abejas en una tierra donde estés cultivando comida, ponte unos guantes, esparce semillas u hojas de dedalera y reclámalas recitando:

Estas abejas son mías,
¡parte de mi tierra!

Los habitantes de las Tierras Altas de Escocia consideraban que las abejas sin reclamar daban mala suerte, así que reclámalas, ¡que tenerlas hoy en día es una suerte!

Adivinación

Cuando el velo entre los mundos se vuelve más fino, también se difuminan las fronteras entre el pasado, el presente y el futuro.

Esto hace que sea un momento excelente para sacar las cartas del tarot o jugar a juegos del destino. Si eres de los que prefieren pasar la noche del Samhain tranquilamente dentro de casa, prueba estos métodos para pasar el rato y planear el futuro.

Hechizo del dedal

Justo antes de irte a la cama, coge un dedal de coser y mete sal en su interior. Después, camina hacia atrás desde la puerta de tu habitación hasta tu cama. Cuando te tumbes, coge el dedal firmemente entre el pulgar y el índice. Míralo hasta que necesites dormir. Esto fijará el dedal dentro de tu mente como un símbolo del sueño y un ancla. La sal te dará sed. La persona que te ofrezca una bebida en tus sueños será también tu próximo amante.

Sueño de la col para ver a tu futuro esposo

La col rizada tenía un papel importante en las antiguas tradiciones de Halloween. La gente joven se colaba en los huertos de los vecinos a medianoche para arrancar un tallo de col rizada. Después, colgaban la col durante la noche por encima de una puerta (posiblemente, para cargarla con un poco de magia de umbrales), y a la mañana siguiente alguien revisaba las raíces, las hojas y la tierra en busca de rasgos sobre el futuro esposo de esa persona. Por desgracia, los registros sobre qué detalles de la planta significaban qué cosa en cuanto a la suerte con el futuro esposo son inconsistentes.

No tienes que robarle una col al vecino para realizar esta adivinación, ni tampoco necesitas ningún conocimiento esotérico sobre las cualidades de las hojas. Si por casualidad cultivas col rizada o tienes a mano una fuente local, prueba este hechizo.

Primero, haz un estofado de col rizada. Si por lo general no te gusta la col rizada y quieres probar esto, puedes hacer ramen con trozos de col. Deja que se enfríe.

Ve a tu habitación justo antes de la cama. Coge el recipiente de col fría y ponte de pie sobre algo que nunca hayas pisado (una toalla servirá).

Recita nueve veces:

Col caliente, col fría,
ayúdame a ver
quién se casará conmigo
y con quién me casaría.

Bebe nueve veces del estofado, deja el recipiente a un lado, y después camina hacia atrás hasta tu cama. Soñarás con tu futuro esposo. Por la mañana, tira el estofado.

La adivinación del cascanueces

Esta antigua tradición escocesa ayudaba a las damas y a los caballeros a decidirse cuando tenían más pretendientes de los que podían atender. Coge tres nueces y colócalas sobre una llama (o dentro de una sartén). Ponle tu nombre a una nuez, y los de tus pretendientes a las otras. Si las otras nueces se acercan a la tuya, están muy interesados en ti. Si la nuez se rompe o salta, el pretendiente es poco fiable. Si una de las nueces arde muy cerca de la tuya, es probable que vaya a producirse un matrimonio. También puedes utilizar este método de adivinación para saber quiénes de tus amigos son más fiables.

La adivinación de los tres platos

Esta variante de la gallinita ciega es una adivinación escocesa. Vas a necesitar una venda y tres platos: uno lleno de grano (la comida tradicional), otro lleno de tierra, y otro con cualquier clase de red. Venda a la persona y hazla girar tres veces, y después deja que la mano de esa persona caiga sobre un plato. Esto predecirá lo que ocurrirá al año siguiente.

La comida o el grano significan prosperidad, la tierra significa muerte (que, por suerte, normalmente no es literal e indica cambios grandes), y la red nos habla sobre fortunas enmarañadas (lo que en la vida moderna llamamos «drama»).

Hechizo con runas para cambiar tu destino

En la vida hay unas cuantas cosas que son cuestión del destino. Sin embargo, la mayoría podrás cambiarlas. Este hechizo consiste en reescribir tu destino, al menos cuando no haya una lección vital escrita en lo que ya está por llegar.

Necesitarás un juego de runas, un plato donde colocarlas, artemisa y un diccionario que detalle los significados de las runas si no los tienes ya memorizados. También podrías hacer una ofrenda o escribir una carta de petición a los hados o al representante del destino específico de tu tradición.

En tu espacio sagrado, saca tres runas que representen la situación que tienes entre manos o las tres runas que te hayan preocupado tras realizar tu propia lectura. Colócalas sobre el plato.

A continuación, deposita las runas que representen el resultado que deseas encima de las runas originales. Rodéalas de artemisa. Visualiza las runas brillando y haciendo que la energía de las runas que tienen debajo se convierta en polvo y dejen solo el destino que deseas. Deja las runas sin tocar en su círculo de hierbas durante tres días.

Samhain es una época en la que todo es posible. También es el momento de crear nuevas posibilidades. Utiliza esta época en la que el suelo se vuelve más frío para dar forma a lo que podría dar fruto en la primavera. El aire está lleno de magia, así que emplea esta época para compartirla.

RECETAS
Y
ARTESANÍA

...tion, wisdom, survival, preservation, hunting, other worlds,

release from old bonds, road openings, fire, protection, sun...

scorpio, sun sign of scorpio, dark moon, pleiades at highe...

midnight, the crone, the grieving mother, the grieving wife,

Persephone and Hades, Ereshkigal, Osiris, Janus, Cer...

...nos, the Daghda, Hecate, Dis Pater, Hel, Inanna,

Lilith, Macha, Mari, the Morrigan, Osiris, Isis,

...annon, Samana, Teutates, Taranis, the Horned God, th...

...nge, brown, yellow, grey, green, cedar, dittany of crete, sag...

...wheat, rye, pumpkins, hazel, hemlock, chrysanthemum, ...

...old, jet, obsidian, onyx, carnelian, moonstone, iron, black...

...ts, ravens, decaying leaves, myrrh, copal, death, wheel of ...

priestess, cauldron, mask, besom, apple, pumpkin, fermented...

...t, pickled eggs, pickled beets, roasted nuts, raw nuts, appl...

...d divination, soul cakes, sugar skulls, jack-o-lanterns, bo...

...bling, seances, scrying, bonfires, trick-or-treating, mummer...

...ff gravesites, delicate memorials, visit nursing homes, san...

...n gael, calan gael, gealach a ruadhain, calan gael, hala...

El Samhain tiene una estética tan rica a nivel visual y sensual que algunas personas no quieren volver a guardar los esqueletos en el armario cuando se acaba. Si prefieres los motivos góticos para tu hogar, esta es sin duda la mejor época para comprar. Si eres de los que prefieren cambiar la decoración para que refleje la época del año, aprovecha la popularidad comercial de Halloween, ya sea para cosas de elaboración industrial o hechas a mano. Puedes recoger los últimos alimentos del final de la cosecha para tu comida ancestral y aprovisionarte de velas negras, ¡y nadie pensará nada extraño si te ve! Aunque Halloween puede tener reputación de provocar subidones de azúcar, hay muchos platos tradicionales que te permiten dejar a un lado el exceso de dulces y recibir la temporada con los brazos abiertos.

Recetas

El final de la cosecha ocurre justo antes de Samhain. Los platos de Samhain suelen ser un intento de gastar la comida que no se ha conservado, y de aprovechar al máximo la comida fresca mientras sea posible. La col rizada, las manzanas, los frutos secos y el grano dan sabor a los ricos manjares de Halloween.

Aperitivos de col rizada

La col rizada se ha convertido en los últimos años en la niña mimada de los alimentos saludables. También es una parte integral del Samhain (sigue creciendo a finales del otoño). Si te cuelas en el huerto de alguien para robar un tallo de col a través del cual ver con qué clase de persona podrías casarte, ¡puedes comértela cuando termines, ya que estás!

Que la col sea saludable no significa que no puedas disfrutar de ella. Esta receta sirve para reemplazar a las patatas fritas. Puede que necesites unos cuantos intentos para averiguar qué temperatura de tu horno es la más adecuada para esta planta, pero en cuanto la domines, podrás disfrutar de la crujiente felicidad de una hoja bien tostada.

Ingredientes:

- Una col rizada
- Dos cucharadas soperas de aceite de oliva o girasol
- Sal marina para sazonar al gusto

Precalienta el horno a unos 135 °C. Lava muy bien la col, y después quita el tallo del centro y corta las hojas en trozos de al menos dos o tres centímetros de largo. Tal vez necesites secar el agua restante. Mete las hojas en un cuenco con el aceite hasta que estén cubiertas de forma uniforme. Espolvorea la sal marina por encima. Hornea durante diez minutos o hasta que estén crujientes, y después dales la vuelta y hornéalas por el otro lado.

Puedes servirlo caliente o frío. Otra opción es sazonar el aperitivo con tu mezcla de especias favoritas antes de hornear.

Manzanas asadas

Las manzanas están por todas partes durante el Samhain, y se utilizan en juegos como los de pescar o morder la manzana, para hacer adivinaciones con su peladura, y para romperlas en pruebas de fuerza.

Ingredientes:
- Manzanas sin el corazón; una por cada persona
- Una cucharada de jarabe de arce por cada manzana
- Una cucharada de pasas por cada manzana
- Una cucharadita de pimienta de Jamaica, canela o clavo molido por manzana

Coloca las manzanas sin corazón en un recipiente apto para microondas. En un cuenco, mezcla las pasas, el jarabe de arce y las especias hasta que todo quede bien distribuido. Rellena cada manzana. Caliéntala en el microondas al máximo durante dos minutos por manzana.

Si utilizas un horno: precaliéntalo a 190 ºC. Hornea las manzanas rellenas en un recipiente de cristal o en recipientes individuales durante un tiempo de entre diez y trece minutos.

Sopa de curry y manzana

Esto se parece ligeramente a la compota de manzana, aunque es mucho más complejo.

Ingredientes:
- 5-6 manzanas grandes, sin el corazón y en trozos de menos de un centímetro
- 2 tazas de agua
- 2 cucharadas soperas de curry dulce
- 1 cucharada sopera de zumo de limón
- 1 cucharadita de pimienta de Jamaica
- 1 cucharadita de chile en polvo

Combina todos los ingredientes en una olla y cuécelos a fuego lento durante la noche. En tandas pequeñas, vierte la mezcla en un procesador de alimentos para hacer un puré. Vuelve a meter el puré en la olla y sigue calentando durante una hora. Sírvelo caliente.

Semillas de calabaza

Las calabazas están por todas partes durante la temporada del Samhain, hasta tal punto que es fácil que te acabe abrumando. Aunque el pastel de calabaza normalmente es la primera opción y la favorita de la gente, puedes probar a utilizar calabazas en casi cualquier receta donde se utilice calabacín, y también puedes utilizarlas en tu receta de repostería favorita como sustituto de la mantequilla y a veces como sustituto de la harina (aunque necesitarás un poco de ensayo y error).

La regla de las semillas de calabaza es esta: cuanto más grande sea la calabaza, más grandes serán las semillas. El precio es que habrá todavía más pulpa dentro, pero hay una forma de sacar la pulpa sin perder la cabeza.

Cuando saques la pulpa de la calabaza, coloca las semillas y la pulpa en un recipiente grande. Colócalo bajo el grifo y desmenuza los trozos de pulpa más grandes bajo el agua. Repite este proceso unas cuantas veces para quitar toda la pulpa posible. Una vez hayas quitado toda la pulpa que puedas con este método, llena el cuenco de agua hasta arriba. Las semillas flotarán hasta la superficie, mientras que la pulpa se hundirá. Ahora podrás sacar las semillas y secarlas con un poco de papel de cocina.

Ingredientes:
- 1-2 tazas de semillas de calabaza
- 1-2 cucharaditas de aceite de oliva o de girasol
- Sal al gusto

Precalienta el horno a 150 ºC. En un cuenco, mezcla las semillas con aceite y después sal al gusto. Coloca las semillas de forma equitativa sobre un trozo de papel de horno. Hornéalas durante unos 45 minutos, vigilándolas y moviéndolas cada 15 minutos para asegurarte de que se tuestan de forma uniforme.

Deja que se enfríen. Puedes comerlas como aperitivos o utilizarlas como guarnición de ensaladas, sopas y sándwiches.

Puré de calabaza

Aunque muchos cocineros prefieren utilizar latas de puré de calabaza, a menudo viene ya sazonado de formas que no quedan bien con platos que no sean postres. Para esta receta, necesitarás cocinar la cáscara de la calabaza. También necesitarás al menos una calabaza pequeña para preparar el puré.

Ingredientes:
  − 1-2 calabazas pequeñas

Precalienta el horno a 180 ºC. Corta la parte superior de una calabaza pequeña y después vacía el interior con normalidad. Enjuaga los trozos de carne del exterior, córtalos en tiras de doce a quince centímetros y colócalas sobre una hoja de papel de horno. Hornéalas durante 45 minutos, pero compruébalas a la mitad de la cocción para asegurarte de que estén tostadas y no quemadas. Sácalas y deja que se enfríen hasta que puedas tocarlas sin problemas. En este momento, podrás pelar fácilmente la piel de la calabaza con las manos, utilizando un cuchillo para quitar los trozos más pequeños y persistentes.

Mete lo que queda de la cáscara en una trituradora o un procesador de alimentos, unos cuantos trozos cada vez, y conviértelos en puré. Añade un poco de agua mientras lo haces para asegurarte de que la mezcla sea homogénea. También puedes utilizar un pasapurés para los trozos que puedan quedar. Puedes congelar el puré hasta que lo necesites.

Crema de calabaza

Ingredientes:

  − 1 cebolla entera picada
  − 1 diente de ajo picado
  − 1 cucharada y media de mantequilla

- 1 taza de puré de calabaza
- Media taza de agua
- Media chucharadita de canela
- Media cucharadita de chile en polvo
- Unas cuantas hebras de azafrán (opcional)
- Una taza de yogur de leche entera y sin azúcar

En una sartén, saltea las cebollas y el ajo en la mantequilla hasta que estén tostados. Añade el puré de calabaza, el agua y las especias, y déjalo hervir. Reduce el calor de inmediato y déjalo hirviendo a fuego lento durante cinco minutos, añadiendo el yogur de forma gradual. Sírvelo caliente.

Pan de muerto

El pan es la comida ancestral definitiva: es el marcador de la historia agrícola de la humanidad. Representa el punto en el que los seres humanos se hicieron sedentarios y comenzaron a habitar una zona de tierra durante un largo tiempo, y el momento en el que cambiaron sus dietas de cazadores-recolectores por los alimentos de granja. En el Samhain, los panes y los bizcochos tenían asociadas muchas tradiciones, que iban desde la adivinación del futuro hasta los pactos con las hadas. Hoy en día es otra comida sabrosa, ya sea para nosotros mismos o para compartir.

Este pan se suele servir como parte de las celebraciones del Día de Muertos, a modo de ofrenda de comida para los ancestros fallecidos, pero que también pueden disfrutar sus familias. La parte complicada es que el panadero le da una forma parecida a un esqueleto antes de hornearlo. ¡Practica con arcilla o plastilina antes de hacer la receta!

Ingredientes:
- Media taza de leche
- 6 cucharadas de mantequilla sin sal, cortada en trozos de 1 cm

- Un cuarto de cucharadita de zumo de naranja
- Una cucharada de agua de azahar
- 3 huevos grandes, ligeramente batidos
- Un cuarto de cucharadita de levadura de panadería
- 3 tazas y media de harina multipropósito sin blanquear
- Media taza de azúcar granulado (también sirve el azúcar de coco)
- 1 cucharadita de sal
- Aceite de girasol según sea necesario
- Mantequilla, miel, azúcar en polvo (opcional)
- Precalienta el horno a 180 ºC. En una sartén, mezcla la leche, la mantequilla y el zumo de naranja.

Apaga el calor de la sartén y deja que se enfríe hasta que puedas tocarla. Añade el agua de azahar y bátelo todo con los huevos. Añade la levadura a la mezcla. Espera hasta que la mezcla burbujee ligeramente, normalmente en tres o cuatro minutos.

En una superficie de trabajo limpia y plana, mezcla la harina, el azúcar y la sal. Haz una montañita con la mezcla y después forma un hueco con el dedo en el centro. Añade un poco de la mezcla de leche y levadura, amasando la harina y parando de vez en cuando para ir añadiendo poco a poco hasta que los líquidos y los sólidos estén mezclados. Trabaja la masa hasta que esté solo un poco pegajosa. Añade harina según sea necesario.

Deja la masa en un cuenco grande engrasado y cúbrelo con un trapo limpio. Déjalo en un lugar cálido hasta que la masa doble su tamaño. Normalmente tarda alrededor de una hora.

Hacer las partes del esqueleto:

Aparta a un lado una porción de la masa; más o menos del tamaño de dos bollitos, con eso será suficiente. Divide la masa restante en dos hojas de papel de horno engrasadas o enharinadas y aplánalas. Utiliza la masa que has reservado para hacer la forma del esqueleto. No hay ninguna regla específica sobre cómo hacer el esqueleto; puedes darle la forma de una calavera y utilizar los dedos para hacer los detalles de la cara.

También puedes separar la masa en dos bolas más grandes y una más pequeña. Coge una de las dos bolas grandes para darle forma cilíndrica y moldea los extremos como los huesos de los dibujos animados. Repítelo con el otro trozo de masa grande, y después coloca un hueso encima del otro para formar una cruz. Coge el trozo de masa más pequeño y forma una bola. Utiliza los dedos para formar los ojos en un lado, y coge un palillo de dientes para dar la forma de los agujeros de la nariz y los dientes. Si buscas imágenes del pan de muerto en internet, verás que la gente normalmente hace algo que recuerda a un esqueleto, más que una recreación precisa.

Cuando hayas moldeado la masa como desees, coloca el pan en el centro del horno y hornéalo durante 30-40 minutos, o hasta que se quede dorado.

Si quieres, puedes decorar el pan después con un pincel usando una mezcla de mantequilla fundida con miel o azúcar en polvo.

Calaveras de azúcar

A diferencia del pan de muerto, las calaveras de azúcar se hacen solo con intención de ofrecer comida a los muertos. Tras prepararlas, puedes colocarlas sobre las tumbas de tus seres queridos fallecidos o dejarlas fuera para que las consuman los elementos. Si vives en una zona con hormigas rojas o abejas, escoge un lugar lejos de las casas para dejarlas. Además, como el azúcar es mucho más difícil de moldear que el pan, puedes invertir en un molde de silicona para hacer esto. Intenta buscar uno que sea más realista o con muchos dientes; las calaveras más caricaturescas y las formas de huesos tienden a desmenuzarse al sacar las galletas. Además, elige un día con poca humedad para prepararlas, porque si no, los ingredientes pueden perder consistencia y desmoronarse.

Esta receta está pensada para un molde de figuras pequeñas, y no para los moldes de calaveras más grandes, que también se pueden conseguir.

Ingredientes:
- 1 taza de azúcar
- 1 cucharadita de merengue en polvo o cremor tártaro
- 1 cucharadita de agua (o más si la necesitas mientras lo preparas)
- Glaseado de colores y otros elementos decorativos comestibles

En un cuenco grande, mezcla el azúcar y el merengue en polvo. Rocíalo con una cucharadita de agua hasta que puedas apretar la mezcla con el pulgar y se quede la huella. Llena el molde con esta mezcla y presiona la parte de atrás para asegurarte de que se quede lo más plano posible. Asegúrate de dejar un poco de espacio en la parte de atrás del molde; así será más fácil sacar la calavera y que se quede intacta. También puedes utilizar un cuchillo de mantequilla para asegurarte de que la parte de atrás de cada molde se queda plana. Vuelca el molde sobre un plato plano. Si estás utilizando un molde de silicona, puedes presionar ligeramente la cara del molde para que salga. Si el molde es de plástico, tal vez tengas que darle unos golpecitos con el lado plano del cuchillo de mantequilla. Deja que las calaveras se sequen durante 24 horas. Cuando se hayan secado por completo, utiliza el glaseado y otras herramientas para decorarlas a tu gusto. Si añades elementos no comestibles, puedes utilizar el glaseado como pegamento. Deja que se sequen durante otras 24 horas, y entonces ya estarán listas para utilizarlas como ofrendas.

Calavera de azúcar

Galletas de Todos los Santos

En las islas británicas, los pobres solían ir a hogares prósperos durante la noche del Samhain para buscar ayuda en forma de comida, dinero y plegarias, y ofrecían oraciones a cambio. A menudo la gente visitada les ofrecía pasteles de los santos, como una especie de pago por las plegarias y bendiciones que ofrecían a sus muertos. Estas galletas secas son un buen añadido para cualquier cena muda que quieras organizar.

Ingredientes:
- 3 huevos
- 2 tazas de harina de trigo (las harinas de almendra o de avena son buenos sustitutos)
- Media cucharadita de canela
- Media cucharadita de nuez moscada
- Media cucharadita de sal
- Media taza de leche
- Media taza de azúcar o jarabe de arce
- 120 g de mantequilla
- Media taza de pasas

Precalienta el horno a 200 °C. Bate un huevo y apártalo. En un cuenco pequeño, combina la harina y las especias. En una sartén, calienta la leche hasta que queme al tocarla. Mezcla el azúcar y la mantequilla con una batidora. Añade las yemas de los dos huevos restantes y bate bien los ingredientes. Añade la harina y mezcla a máxima potencia hasta que la mezcla se desmigue. Añade la leche de forma gradual hasta que se forme una masa blanda.

Deja la masa sobre una superficie plana y limpia y amásala hasta que esté uniforme. Enróllala en un cilindro y después córtalo en trozos de más o menos un centímetro y medio. Colócalos sobre una hoja de papel de horno y píntalas con el huevo batido que has reservado.

Hornea durante quince minutos, hasta que queden de un marrón dorado.

Pasteles a la plancha

Los irlandeses solían servir pasteles a la plancha durante el Samhain y el Día de los Fieles Difuntos. Al igual que las tortitas, combinan muy bien con el sirope y la mantequilla caliente.

Ingredientes:
- 2 tazas de harina
- Tres cuartos de cucharadita de bicarbonato de sodio
- Media cucharadita de sal
- Una taza de leche entera o yogur
- Aceite de girasol

Combina los ingredientes, tomándote tu tiempo en mezclarlos con un tenedor para que el bicarbonato quede bien integrado. Añade la leche o el yogur poco a poco hasta que se forme una masa. Moldea la masa en círculos de unos cinco centímetros y un centímetro y medio de grosor. Fríelos con una cucharada de aceite de girasol en una sartén a temperatura media, y asegúrate de que los dos lados se queden tostados.

Colcannon (estofado irlandés)

El *colcannon* es un estofado irlandés que solía servirse de forma popular en Irlanda durante el Samhain. También aparecía en varias tradiciones de adivinación y magia de la época, tal vez porque solía incluir patatas y col rizada. Los pasapurés hacen que esta receta sea mucho más fácil, pero también se puede conseguir con determinación y un tenedor.

Ingredientes:
- 1 cabeza de col rizada o repollo, con las hojas cortadas en tiras finas

- 120 g de mantequilla, divididos en tres trozos
- 1 taza de leche
- 7-8 patatas, peladas y cortadas
- 1 cucharada de cebolleta para el acompañamiento

Cubre de agua la col rizada y hiérvela hasta que se quede blanda, pero con las hojas todavía verdes (alrededor de treinta minutos). Escurre el agua y corta la col en tiras finas. En la misma sartén, a fuego medio, añade un tercio de la mantequilla. Mientras se funde, mézclala con la col. Añade la leche y sube el fuego hasta que hierva ligeramente. A continuación, añade las patatas y machácalas con un tenedor mientras se cocinan. Cuando las patatas se ablanden será más fácil machacarlas. Las patatas estarán listas cuando tengan la misma consistencia que el puré de patatas. Añade el siguiente tercio de mantequilla. Haz un agujero en el centro de la mezcla de patatas resultante y agrega el último tercio de mantequilla.

Añade el acompañamiento y sírvelo caliente.

Lana de cordero

Esta bebida es como la respuesta escocesa a la sangría. Aunque el sabor variaba según la geografía y las preferencias en Gran Bretaña, la lana de cordero normalmente consistía en una mitad de cerveza tipo *ale* y otra mitad de sidra, calentadas con las especias que hubiera disponibles. Si tienes una olla de cocción lenta o incluso una olla normal, puedes probar a hacerlo.

Ingredientes:
- Cerveza tipo *ale* ligera
- Sidra
- 1 cucharadita de clavo
- 1 cucharadita de canela

Mezcla la cerveza con la sidra. Añade las especias. Haz que hierva a fuego lento. Sírvelo caliente.

Artesanía

Halloween y el Samhain están llenos de oportunidades para hacer artesanía y manualidades. Además de crear tus propias obras artísticas para llenar tu hogar con un espíritu cariñoso y espeluznante, también puedes convertir las manualidades en objetos mágicos. Después de todo, dar una función a las manualidades es algo muy común en las brujas. Puedes hacer cosas aptas para niños con elaboraciones sencillas en las que necesites elementos básicos como pegamento de barra, palitos de polos y pintura, o puedes hacer cosas más avanzadas utilizando cuchillos y pegamentos para adultos como la cola. Piensa en tu hogar y la forma en la que practicas tu fe y la magia. Piensa en la clase de celebración del Samhain que quieres hacer, ¡y después crea algo en base a ello!

Manualidades de calabazas

En otoño, no hay adornos más prolíficos que los de calabazas. Desde las versiones en miniatura hasta frutas más grandes que un mastín, cualquier persona puede encontrar algo que encaje con sus ambiciones decorativas. Gracias a su abundancia extrema, muchos artistas y artesanos han ideado toda clase de formas innovadoras para utilizar las calabazas como expresiones artísticas.

La calabaza tallada tiene su origen en la tradición irlandesa de tallar nabos y remolachas. Cuando los irlandeses fueron al Nuevo Mundo, las calabazas se convirtieron en sus faroles nocturnos preferidos para estas fechas.

Hoy en día todavía hay calabazas iluminadas en muchos porches, aunque en algunas zonas suelen ser víctimas de los vándalos de Halloween. Si vives en un área donde tus calabazas vayan a quedar intactas, puedes vaciarlas y tallarlas según la tradición, o puedes probar métodos nuevos para tallar las calabazas.

Patrones: Clava o pega el patrón o la plantilla que desees a tu calabaza. Utiliza una herramienta afilada para cortar la piel de la superficie de la calabaza por las líneas del patrón.

Quita el patrón y elimina la piel restante con una cuchara, con cuidado de no atravesar la calabaza.

Découpage: Si quieres hacer *découpage* con la calabaza, tendrás que utilizar pegamento para decorarla. Esto significa que no podrás comértela más tarde; aunque emplees un pegamento que no sea tóxico, es difícil saber lo que contienen los elementos que pegarás a la calabaza.

Antes de comenzar, tal vez quieras diluir el pegamento con agua. Esto hace que el líquido sea menos denso y más fácil de trabajar, sobre todo si vas a pintar una superficie grande. Las proporciones de la disolución son cuestión de gusto personal. En cualquier recipiente vacío (no uses uno que vayas a emplear para la comida), vierte un poco de pegamento y añade un poquito de agua. Prueba a añadir un octavo de cucharadita de agua por cada cucharada de pegamento, y ve añadiendo más agua según veas conveniente.

Necesitarás:
- Periódicos o unos trapos para cubrir la superficie
- Un recipiente para el agua
- Pegamento; tipo cola o similar
- Pinceles o rodillos
- Objetos que quieras pegar a la calabaza (por ejemplo, amuletos pequeños, imágenes impresas en papel, recortes de revistas y/o trozos de tela)
- Un espray acrílico
- Una pistola de encolar (opcional)
- Tijeras

Calabaza decorada con découpage

En un espacio de trabajo bien ventilado, cubre la superficie con los periódicos o los trapos. Prepara un recipiente de agua para diluir el pegamento. Elige una parte de la calabaza y añade una capa ligera de pegamento con un pincel o un rodillo. Cuando hayas cubierto la zona, añade el papel o la tela que quieras en esa sección. Después, añade una capa más de pegamento encima. Tal vez tengas que detenerte para alisar las arrugas en el papel o para eliminar con cuidado los bultos que aparezcan mientras se seca el pegamento presionando ligeramente con el dedo. Cuando hayas aplicado el papel y el pegamento a la primera sección de la calabaza, ve rotándola y repite el proceso hasta que hayas terminado. Tal vez quieras añadir unas cuantas capas más de pegamento a todos los lados de la calabaza. El pegamento se quedará transparente al secarse, así que utilízalo por encima de las imágenes. Deja que se seque durante la noche. Lleva la calabaza a un lugar bien ventilado, como un porche o un garaje, y cúbrela con el espray acrílico. Si quieres, después puedes utilizar una pistola de encolar para aplicar amuletos, cuentas o pequeños juguetes a la calabaza. Después colócala donde quieras exponerla.

Rotulador: Si quieres una forma rápida y sencilla de decorar la calabaza, puedes hacerlo con un rotulador. Solo necesitas uno que sea permanente y unas cuantas palabras que estampar. Escribe sobre la calabaza con letras grandes. A lo mejor puedes dejar mensajes ingeniosos como «Cenando fuera», o hacer referencias como «Nunca jamás». Si eres lo bastante hábil, puedes dibujar siluetas o incluso retratos. Puedes escribir un poema, contar una historia, o dejar instrucciones para la entrega de paquetes.

Chinchetas: Las calabazas tienen un tejido esponjoso con la misma consistencia que el corcho. Puedes utilizarla como si fuera precisamente un tablero de corcho, o formar letras con chinchetas. Elige un lado de la calabaza y clávale chinchetas o alfileres. Da rienda suelta a tu creatividad y haz formas, caras, runas o incluso una imagen de tu carta del tarot favorita.

Disfraces

Parte de la diversión del Samhain consiste en la oportunidad de ser otra persona durante una noche; en cierto modo, es una forma de viajar, una oportunidad para vivir y disfrutar de tu entorno a través de los ojos de una personalidad diferente. Algunos paganos incorporan los disfraces a una práctica mágica en la que asumen de forma temporal una parte de otra conciencia. Esto ocurre más a menudo en una ceremonia wiccana conocida como «Bajando la Luna». En este ritual, la persona suele apartarse a un lado y la diosa invocada toma el mando. También hay personas que practican una variación de esto en la que comparten conciencia de forma temporal con la deidad; algunos lo ven como una versión mágica de la actuación de método.

La costumbre de ponerse disfraces durante el Samhain se remonta a los tiempos de los primeros druidas, cuando los aldeanos se disfrazaban de animales. Sin embargo, los disfraces comerciales no aparecieron hasta los años 30, cuando los irlandeses de Estados Unidos comenzaron a influir en la forma en la que todos los estadounidenses celebraban Halloween.

Si quieres explorar una perspectiva diferente, puedes probar unos cuantos enfoques originales para tu disfraz, confeccionándolo con tus propias habilidades de costura o uniendo objetos que hayas encontrado en ventas de garaje y tiendas de segunda mano.

Aquí tienes unas cuantas ideas para disfraces de Samhain/Halloween:

1. Disfrázate de un dios o una diosa con el que trabajes de forma habitual.

2. Vístete como un elemento de la naturaleza que estés tratando de aprender y comprender.

3. Disfrázate como una bruja o un mago de la historia o la mitología. Circe, Medea, Nicolás Flamel, Juana de Arco o Heinrich Agrippa están todos conectados con el Samhain debido a sus contribuciones a la magia y el misticismo.

4. Vístete como la personificación de un concepto abstracto, como el miedo, el amor, las matemáticas o la física cuántica.

Mientras vivas el Samhain con tu disfraz, observa cómo adoptar una nueva personalidad cambia tu forma de pensar y de ver el mundo. Después de la celebración, medita sobre las lecciones que has aprendido con esta experiencia.

Haz una máscara

Si no quieres ponerte un disfraz completo, pero quieres probar un cambio de perspectiva, haz una máscara. Aunque nuevamente puedes comprar una ya fabricada, también puedes hacer la tuya propia y ajustarla a cualquier visión del mundo que quieras experimentar.

Necesitarás:
- Una plantilla de máscara en blanco
- Cola
- Plumas, cuentas y lazos

Pega todos los objetos que hayas reunido en la superficie de tu máscara en cualquier patrón o configuración que te guste, teniendo cuidado de dejar espacio alrededor de la nariz y los ojos.

También puedes elaborar una base de máscara con una bolsa de papel.

Necesitarás:

- Una bolsa de papel del tamaño de una bolsa de la compra
- Tijeras
- Ceras de colores, pintura o rotuladores
- Una grapadora
- Un metro de costura
- Una cinta elástica de costura, como las que se utilizan para la cintura de una falda o unos pantalones

Corta un óvalo, un cuadrado o un círculo de la bolsa de papel. Asegúrate de que sea lo bastante grande como para cubrirte la cara. Corta dos agujeros para los ojos y una rendija pequeña en la zona donde iría tu nariz (para facilitarte la respiración). Decora la máscara con las ceras, la pintura y demás. Cuando termines, mide la circunferencia de tu cabeza y divídela entre dos. Utiliza esa medida para decidir la cantidad de cinta elástica que tienes que cortar. Grapa cada extremo del elástico de modo que los extremos de las grapas no te toquen la piel.

Rueda de miedos

Esta manualidad combina dos actividades de mentalidad mágica: la meditación y la adivinación. Esta sencilla rueda, hecha con un plato de cartón, te proporciona una forma divertida de explorar los aspectos trascendentes y psicológicos de la temporada del Samhain.

Necesitarás:

- Papel para manualidades
- Tijeras
- Un plato de cartón
- Ceras o rotuladores
- Un encuadernador tipo *fastener*, de los que se utilizan en las oficinas

Corta un pequeño triángulo isósceles en el papel de manualidades, que se convertirá en el puntero. Déjalo a un lado. Coge un rotulador y divide el plato de papel en al menos cuatro secciones de forma triangular. En cada sección, escribe el nombre de un miedo o un tema específico relacionado con el Samhain. Coge el encuadernador y utilízalo para unir el triángulo al plato. Cuando quieras meditar sobre un tema, haz girar el triángulo y céntrate en el tema que escoja para ti.

Calcar una tumba

Para esta manualidad vas a tener que hacer una excursión. Ve a un cementerio antiguo, uno donde haya muchas lápidas verticales. Este método no funciona igual de bien en las lápidas más modernas, pues las que se utilizan actualmente tienen menos textura.

Necesitarás:
- Una hoja de papel grande, como las de los cuadernos de dibujo extragrandes
- Una cera grande

Ve a un cementerio y busca una lápida con un patrón interesante. Coloca el papel sobre la lápida y frota la cera de lado a lado con movimientos cortos y rápidos hasta que el patrón de la lápida aparezca en la página. Llena la página con ese patrón. Cuando termines, pronuncia el nombre de la persona que está enterrada y dale las gracias. Limpia la tumba si parece descuidada, y asegúrate de recoger todo lo que hayas utilizado.

Puedes utilizar esto como parte de tus decoraciones de Halloween o, si has escogido la tumba de un antepasado, puede formar parte de un altar a tus ancestros.

Lápida calcada

Cruz protectora

Puedes hacer una cruz protectora para proteger a los niños de las hadas con intenciones malévolas. Aunque este símbolo acabó siendo asociado a la cruz cristiana, es anterior a su presencia en Europa. En realidad, es más como una cruz en forma de X, una figura que a menudo puede detener en seco la magia externa o sellar tu propia magia.

Necesitarás:

- Dos palos; cualquier tipo de madera es válido
- Tallos de trigo, de centeno u hojas de mazorcas de maíz
- Un cordel

Cruza los palos para formar un signo +. Envuelve el centro con los tallos de trigo para que se queden bien unidos. Pasa el cordel por el mismo camino que los tallos y añade un nudo en la parte de atrás para reforzarlo. Cuélgalo encima de la cama de tus hijos, o incluso de la tuya propia.

Cruz sellada

Artesanía ritual de Samhain

Muchos paganos tienen ciertos objetos rituales que fabrican ellos mismos, ya sea para ahorrar dinero o porque lo que necesitan no es fácil de conseguir en tiendas. Las siguientes cosas son solo algunas de las que tal vez podrías necesitar para hacer tu propio ritual casero.

Aceite de Samhain

Necesitarás:
- 1 cucharada de aceite de girasol o de oliva
- 1 cucharada de flores de caléndula
- 1 cucharada de flores de clavel del moro
- 1 trozo de resina de incienso

Combina todos los ingredientes en una botella pequeña y déjala en una ventana soleada hasta que esté lista para usarse.

Incienso suelto de Samhain

Quema esta mezcla de hierbas sobre briquetas de carbón

Necesitarás:
- 1 cucharadita de mirra
- 1 cucharadita de resina de incienso
- 1 cucharadita de resina de copal

Mézclalo todo bien. Quema un pellizco cada vez.

Sales de baño de Samhain

Necesitarás:
- Media taza de sal de baño
- Media taza de sal marina

- 1 cucharadita de glicerina vegetal
- 10 gotas de aceite esencial de albahaca
- 10 gotas de aceite esencial de alcanfor
- 11 gotas de aceite esencial de vetiver

Pon las sales y la glicerina en un recipiente resistente (para que sea seguro de utilizar en el cuarto de baño). Añade los aceites esenciales. Remuévelo con un palillo. Agítalo justo antes de añadirlo al agua.

Poción de adivinación de Samhain

Bébete esta poción justo antes de sentarte ante las cartas del tarot o de jugar a un juego tradicional de Samhain. Te ayudará a relajarte lo suficiente como para aceptar y tener en cuenta las imágenes de tu subconsciente sin incapacitarte. No te la tomes si vas a conducir durante la próxima hora.

Para una taza, necesitarás:
- 10 gotas de tintura de kava
- 1 cucharadita de artemisa
- 1 cucharadita de ulmaria
- Piel de naranja seca al gusto
- 1 taza de agua hirviendo

Mezcla los ingredientes en un colador de té. Déjalos infusionar entre 7 y 13 minutos. Saca el colador y los ingredientes; deja que el té se enfríe hasta que puedas tocarlo. Bébetelo. No te tomes más de tres tazas en una noche.

Si quieres encontrar más artesanía y recetas de Halloween y Samhain, asegúrate de buscar en tu biblioteca local, así como en páginas web especializadas. El Samhain es una temporada inspiradora; sin duda encontrarás alguna actividad que encaje con tu hogar y tus habilidades.

Decoración

El Samhain es probablemente la festividad más divertida para las decoraciones. Puedes seguir un enfoque gracioso, espeluznante o solemne; esto dependerá de cómo planees celebrar la festividad. Los colores son los emblemáticos de Halloween: el naranja, el negro o el púrpura; aunque los colores otoñales como el rojo, el marrón o el amarillo también encajan.

Enfoque espeluznante: Si quieres un enfoque espeluznante, tienes infinitas opciones. Las tiendas se emocionan y tiran la casa por la ventana con Halloween casi tanto como con la Navidad. Puedes cubrir todos tus muebles con paños desgarrados de forma artística, colgar telarañas falsas de un rincón (o dejar donde están las que aparezcan de forma natural) y engalanar las superficies planas con velas negras, calaveras y calabazas.

Enfoque solemne: Tal vez prefieras una celebración más seria y tranquila. Un altar para los ancestros es una de las formas de decoración más profunda que puedes establecer para el Samhain. Sobre una repisa o una mesa, expón fotos de tus seres queridos y héroes personales que hayan fallecido. Añade efectos personales de esos seres queridos al altar; pueden ser trozos de sus dulces favoritos, botellas de perfume, libros o hasta juguetes que hayas heredado. Durante el mes, puedes escribir notas para tus seres queridos fallecidos y meterlas en un cuenco sobre el altar. El resto de tu casa puede continuar con las decoraciones que hayas preparado para el Mabon con colores otoñales apagados, de modo que el Samhain en tu hogar sea una meditación tanto como una celebración.

Prepara un camino para los ancestros

Los pueblos eslavos y los romanos se preparaban para las visitas literales de sus ancestros fallecidos durante la temporada del Samhain. La gente limpiaba sus hogares, preparaba comidas lujosas y se vestía con sus mejores ropas. Para recibir formalmente a tus seres queridos fallecidos, incorpora estas tradiciones a tu decoración.

Los que celebran el Día de Muertos se esfuerzan por ayudar a sus ancestros a encontrar el camino de vuelta a casa. Una forma de hacerlo es colocando luces a lo largo de los caminos. Tradicionalmente se utilizaban farolillos de papel con velas en su interior. Sin embargo, si vives en una zona ventosa, puede que las velas no se mantengan encendidas. Por suerte, hoy en día puedes encontrar pequeñas luces LED; hasta puedes comprar paquetes de luces al estilo de velitas pequeñas. Puedes crear farolillos simples decorando bolsas de papel marrón con ceras o cortando patrones en ellos y colocando las luces dentro. Si te gustara hacer un camino de luces ligeramente diferente, prueba a comprar una serie de lupas pequeñas para colocar las luces justo detrás de ellas. Dado que la mayoría de las velitas de LED están hechas para que parpadeen, esto creará un juego de luces y sombras a lo largo de todo el camino hasta tu puerta.

Altares para los ancestros

Haz que tus antepasados se sientan todavía más bienvenidos preparando un altar para honrarlos. Además de fotos de ellos de cuando estaban vivos, añade pequeños recuerdos de sus vidas. Si no eran de los que coleccionaban objetos, tal vez puedes escribir poemas o colocar un tarro de conservas y escribir en trozos de papel pequeños recuerdos de esa persona para meterlos en el tarro.

Si vives en un espacio pequeño, tal vez sea difícil de mantener un altar completo. En esos casos, puedes crear un altar en miniatura con una caja de exposición que puedes comprar en una tienda de artesanía, o hacer un altar al estilo terrario con objetos en miniatura relacionados con las personas de tu familia que desees honrar. No necesitas comprar ningún equipamiento especial para el terrario, y tampoco es necesario que tenga plantas. Un tarro de conservas o de comida de bebés invertido también funcionará.

Además del altar, también puedes imprimir o crear recortes para la pared relacionados con los emblemas y los lemas familiares de cualquier línea de tus antepasados conocida. Por ejemplo, la gente de ascendencia escocesa a menudo tenía patrones específicos para los tartanes, y muchas familias de Gran Bretaña y Europa tenían lemas familiares y escudos heráldicos que representaban su herencia familiar.

Preparación de la cena muda

Si planeas organizar una cena muda, lo tradicional es utilizar un mantel blanco. Parte de esta tradición es que, mientras tu familia brinda con los recuerdos de los fallecidos, tienes que derramar un poco sobre el mantel a modo de ofrenda para ellos. Asegúrate de que sea un mantel que no te importe manchar. Mantén como mínimo un asiento vacío, aunque es mejor si hay dos o más. Mientras comes en silencio, presta atención a los fenómenos naturales. Los eslavos creían que cualquier cosa, desde una brisa hasta la aparición de una polilla durante la cena, representaba la presencia de un antepasado.

Después de la comida, coloca calaveras de azúcar en el exterior, junto a los farolillos (a menos que esto pueda atraer a criaturas indeseadas). Aunque los adultos dan las calaveras a los niños durante el Día de Muertos, la mayoría no se las comen. En lugar de eso, las dejan fuera, sobre las tumbas, de modo que la lluvia y otros elementos las erosionen para que sus ancestros puedan disfrutarlas.

Ahuyentar a las criaturas de la noche

Tal vez compartas la antigua tradición irlandesa de mantener a raya a los espíritus terroríficos de la noche. Puedes decorar tu hogar para que actúe como una fortaleza contra los intrusos. Decora la puerta de entrada con ojos; esto encaja con el aspecto espeluznante de Halloween, pero también representa la protección contra el mal de ojo y las intenciones malévolas. Llena el camino de entrada con lápidas de cartón hechas a partir de cajas. En lugar de hacerlas para celebridades o ancestros específicos, puedes escribir en ellas los nombres de las cosas que te den miedo; al colocar estas lápidas de forma simbólica en el suelo, le quitas su poder a esos miedos. Utiliza tiza para escribir encantamientos protectores en las aceras, las ventanas y las puertas.

También puedes escribir un cuento de hadas o una historia de fantasmas en la acera o el camino de entrada, o tal vez citas de poesía o frases del poeta irlandés W. B. Yeats. Si alguien que esté pasando por ahí se detiene a hablar contigo, puedes invitarle a contribuir a la historia.

Decora las ventanas con siluetas y baja las persianas como un telón de fondo. Puedes encontrar en internet imágenes para imprimir de cualquier cosa, desde murciélagos y búhos hasta sombras de gente victoriana. Añade una guirnalda a tu puerta de entrada; en lugar de las hojas otoñales habituales, puedes hacerla con flores de papel. Otra alternativa es hacer una corona de hierro, pegando clavos y tornillos viejos en un patrón circular, o añadiéndolos a una corona de paja ya hecha.

Si tu verdadera preocupación es velar por la seguridad, en el mercado existen decoraciones con sensores de movimiento muy populares y fáciles de conseguir durante la temporada de Halloween que resultan muy útiles. Colócalos en los lugares alrededor de tu hogar que consideres vulnerables. Serán un sistema de alarma muy efectivo si alguna criatura viviente de la noche trata de hacer travesuras.

Añadir sustos de Hollywood

Si tus gustos son cosas más modernas, puedes añadir referencias a las películas y series de televisión mágicas o de terror que más te gusten. Puedes imprimir imágenes de películas como *La serpiente y el arco iris* o *La llave del mal*, y añadir unos cuantos elementos de las películas a la decoración y la comida, como por ejemplo hacer una guirnalda con llaves en forma de esqueleto. Si te gusta *Prácticamente magia,* puedes utilizar margaritas.

Si eres muy ambicioso, decora tu espacio con una temática de cine encantado. Cuelga cortinas gruesas sobre tu televisor y ciérralas cuando nadie la esté viendo. Cuelga esqueletos de goma en los percheros y los escoberos. Puedes jugar con el terror absurdo añadiendo una trampilla falsa o preparando un libro grande y espeluznante con patrones geométricos al azar como una referencia a *Posesión infernal,* o crear un altar para brujas de Disney, desde Angela Lansbury hasta Angelina Jolie.

Adivinar el futuro

Si prefieres una celebración menos solemne pero todavía tienes unos gustos urbanos más clásicos, puedes decorar tu casa como si fuera una sala de adivinación victoriana. Imprime y cuelga de las paredes tarjetas *vintage* de Halloween, especialmente aquellas que se refieran a antiguas supersticiones. Reúne tela y lazos para decorar las escaleras y los rellanos con banderines. Coloca redes negras sobre los espejos para que parezcan velos de viudas. Utiliza tiza para escribir nombres en tu chimenea o en el fogón, y esconde cartas del tarot por el salón y reta a tus invitados a encontrarlas todas para unirlas y hacer sus propias lecturas. Prepara una mesa con una silla en un rincón de una habitación, cubierta con un mantel al estilo de un médium espiritista. Imprime fotografías espirituales y cuélgalas en diferentes lugares de la habitación.

Incorpora referencias a escritores de la época victoriana; Edgar Allan Poe, Mary Shelley y Nathaniel Hawthorne son especialmente espeluznantes.

Cuelga móviles

Los móviles son fáciles de hacer. Tan solo necesitas una percha, un poco de cuerda, una perforadora y el material que quieras colgar. Puedes hacer un móvil de runas, y así los invitados podrán estirar el brazo para coger una que represente su fortuna. También puedes colgar móviles con formas de manzanas, como referencia al juego en el que la gente trataba de atrapar manzanas con los dientes. Si tienes una baraja del tarot a la que le faltan algunas cartas, esta es una forma estupenda de dar un poco de vida a las cartas restantes.

Guirnaldas de papel

Coge periódicos viejos o papel de manualidades y recorta formas de Halloween. Puedes colgarlas en guirnaldas alrededor de las ventanas o del techo. Si tus invitados quieren, puedes dejar que se lleven trozos de la guirnalda a casa para usarlas con su propia magia para buscar amores, protección o ascensos laborales. Puedes encontrar instrucciones en internet para hacer formas diferentes con las guirnaldas de papel.

Haz tus propias pegatinas de pared de Halloween

Busca un patrón que puedas calcar, consigue adhesivo en espray, papel para forrar estantes y un cúter. Con eso podrás hacer tus propias figuras recortadas para la pared. Corta formas diferentes (tal vez formas de muebles victorianos para pegar a las paredes) para dar la impresión de dos puntos diferentes en el tiempo que convergen a la vez en tu salón. ¡Conseguirás producir escalofríos en tus invitados!

Tu familia y tú tal vez queráis encontrar una forma de celebrar tanto Halloween como el Samhain. Para el Samhain, podéis establecer tradiciones fijas que honren a vuestros seres queridos fallecidos. Estas deberían ser más o menos las mismas de un año a otro (aunque, cuando hay grandes transformaciones vitales, es natural que cambie tu forma de celebrarlo, y no pasa nada). Para Halloween, varía el enfoque de un año a otro para jugar con distintas temáticas. Es posible pasarlo bien y mostrar humor durante la temporada de Samhain, al mismo tiempo que se sigue honrando su naturaleza espiritual.

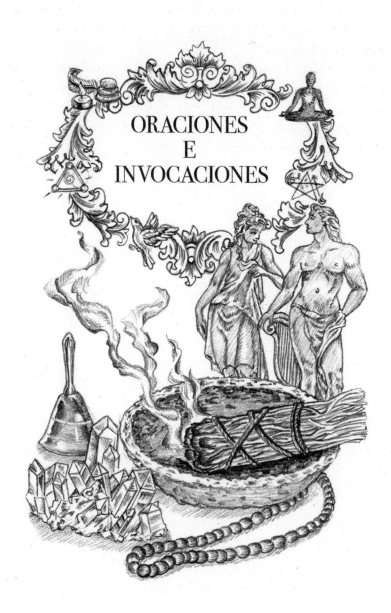

ORACIONES
E
INVOCACIONES

...ment ... ... courage, ... openings, ...

...tion, wisdom, survival, preservation, hunting, other worlds,

release from old bonds, road openings, fire, protection sun

scorpio, sun sign of scorpio, dark moon, pleiades at higher

midnight, the crone, the grieving mother, the grieving wife,

Persephone and Hades, Ereshkigal, Osiris, Janus, Cern

...os, the Daghda, Hecate, Dis Pater, Hel, Inanna, I...

Lilith, Macha, Mari, the Morrigan, Osiris, Isis, ...

...nnon, Samana, Teutates, Taranis, the Horned God, the

...ge-brown, yellow, grey, green, cedar, dittany of crete, sage

wheat, rye, pumpkins, hazel, hemlock, chrysanthemum, ...

...old, jet, obsidian, onyx, carnelian, moonstone, iron, black ...

...sts, ravens, decaying leaves, myrrh, copal, death, wheel of ...

...ouestess, cauldron, mask, besom, apple, pumpkin, fermented

...t, pickled eggs, pickled beets, roasted nuts, ... nuts, apple...

...d, divination, soul cakes, sugar skulls, jack-o-lanterns, ...

...ling, seances, scrying, bonfires, trick-or-treating, mummer's

...ff gravesites, dedicate memorials, visit nursing homes, ...

...n gaef, calan gaef, gedwch a madhom, calan gaef, hallo...

Durante el Samhain, la vida y la muerte se unen, y con esto salen a relucir muchas caras de la muerte: dioses de la guerra, dioses de las tradiciones funerarias, y ancianas que viven con la cómoda compañía de la muerte. El Samhain pertenece a todos estos dioses. Lo que encontrarás aquí es una selección de invocaciones sugeridas para conectarte a su naturaleza ctónica.

Oración a Morrigan

Bendita sea la Reina Fantasma,
que se baña con los pies estirados
a cada lado del río Unius.
Honramos tu naturaleza vigorosa,
guerrera de guerreros.
Complácete en tu encuentro con Dagda,
mientras la vida y la muerte se unen.
Que prestemos atención cuando veamos tu cuervo,
señalando la muerte y el fin del año.
Que prestemos atención cuando veamos tu lobo.
El lobo tal vez no nos dañe, pero sabemos temerlo.
Que prestemos atención cuando veamos tu anguila,
señalando la necesidad de retirada.
Que prestemos atención en la estampida de las vaquillas;
cuando esto ocurre, sabemos que hemos perdido.

Te rogamos tu favor.
Te damos la leche de la sanación,
la miel de la felicidad.
Te pedimos tu sabiduría,
para que nos reveles
los hechizos de tus victorias.
Que tu poder viaje en nuestras lenguas,
y que podamos traer la paz de los cielos
abajo en la tierra
y que ganemos nuestras batallas
con la mano de tu magia.

Oración a Morrigan para los hombres

Dama que engaña al guerrero desenfrenado,
ten piedad;
permítenos conocerte en los campos de batalla,
así como en las sombras del hogar.
Si nos ofreces tu amistad,
tus muslos y tu sabiduría,
será todo tenido en alta estima.
Eres soberana; nos inclinamos frente a tu talento.

Oración a Morrigan para las mujeres

Mujer guerrera, libre y salvaje,
revuelve los recuerdos de las mujeres de guerra.
Revuelve los recuerdos de las mujeres de muerte.
Hemos olvidado estos poderes,
así como hemos olvidado que nuestros vientres
bendicen la tierra.
Muéstranos dónde llegar más lejos en nuestro interior,
para encontrar el punto entre lo temporal y lo eterno,

para extraer poder durante nuestros momentos difíciles.
Dama que se transforma
de cuervo a lobo, a anguila y a vaquilla,
muéstranos lo que tenemos que hacer para transformarnos nosotras,
para vivir de acuerdo a la verdad
y más allá de las normas baladíes.

Oración a Dagda

¡Alabado sea Dagda!
¡Rey vigoroso, guerrero de los apetitos,
el que tiene suficiente vigor para complacer a Morrigan!
¡Alabamos tus poderosos gemelos!
¡Alabamos tus poderosos brazos!
¡Alabamos tu poderosa tripa!
¡Alabamos tu poderosa frente!
Que lleves el garrote para defendernos;
que los que te concedan santuario actúen de buena fe;
que complazcas a todas las mujeres,
que entables amistad con todos los hombres
Y ganes todas las batallas.
¡Alabado sea Dagda!

Invocación a Cerridwen

¡Alabada sea Cerridwen,
madre del trigo!
Como la cerda blanca,
recorres los campos;
como madre de la sabiduría,
otorgas conocimiento a los dignos.
Ten piedad de nosotros,
que nos acercamos a ti

en el año moribundo.
Que el propio tiempo sea tu caldero,
y sus ingredientes sean el propio universo.
Tú nos remueves,
Anciana Salvaje.
Invócanos a la sabiduría
a través de la fría oscuridad que nos aguarda.

Invocación a Perséfone

Reina de los Muertos,
toma tu trono,
susurra tus misericordias y juicios
al oído de Hades.
Guardiana de los dolores de las mujeres,
invisible a las mentes de los hombres,
separa el velo entre la doncella y la madre;
separa el velo entre la doncella y la anciana:
todas somos una esta noche.
Vacilando en las sombras del tiempo, de la pérdida, de la pena,
gobierna junto a tu rey.
Envía nuestras noticias
a nuestros queridos muertos,
que nuestros pensamientos viajen a la tierra inferior.

Invocación a Hécate

¡Alabada seas, reina de todas las brujerías,
por esta noche de magia!
Sé amable con nosotros, seres mortales,
permítenos ver cómo afilar nuestro ingenio,
fortificar nuestra magia,
iluminar nuestras almas.

¡Llevamos mucho tiempo queriendo aprender toda la brujería
que nos has enseñado tan gentilmente!
¡Vertemos libaciones y brindamos,
por la Guardiana de las Llaves del Olimpo,
por la Reina de Toda la Brujería,
por la dama que conoce los secretos de los dioses!

Oración a Psique

¡Alma de la humanidad,
mujer del viaje de los héroes!
En ti vive toda nuestra esperanza
del amor, la muerte, la vida y la inmortalidad.
En Eros yace la fuerza que mueve;
la semilla, la chispa, el júbilo más profundo.
En ti, que trabajabas bajo
el afilado ojo de Afrodita;
tú, aliviada por la gentil Deméter,
por favor, ¡alivia a cambio nuestras labores!
A través de ti sabemos
que el amor prevalece
a través de la vida,
más allá de la muerte,
fuera de la memoria.

Oración a las Moiras

En el Samhain, con el mundo indeciso,
tres damas tejen bien
el velo vaporoso de la noche.
La rodilla de Cloto hace girar la rueda
de la que emergen todas las fortunas.
Láquesis asigna cada hilo que cae en sus manos,

asigna a cada vena su lugar en el gran tapiz,
envolviéndose línea a línea junto a destinos grandes y pequeños.
Átropos llega hasta el final, el medio y el desnudo comienzo,
corta, recorta o anuda los que nos atan aquí.
Tal vez busquemos el favor de estas Moiras,
una fuerte distorsión, un dulce tejido,
pero cuando el nudo está atado,
rezamos para que nos tejan con fuerte fibra.

Oración a Jano

A través de tu mandíbula,
por encima de tus dientes,
cruzando tu lengua
salimos por la puerta
a la calle.
Los goznes giran,
las cosas intermedias cantan.
Caminamos a través de ti,
de lo viejo a lo nuevo,
en este Halloween.

Invocación a Anubis

¡Salve, Anubis!
¡A tu voz responden los muertos!
¡A tu luz regresan los muertos!
¡Ante tu justicia se arrodillan los muertos!
¡Bajo tus cuidados se conservan los muertos!
Abre los caminos a nuestros seres queridos,
conduce con amabilidad a nuestros muertos
hasta el lugar silencioso.
Haz justicia a nuestros ancestros;

honramos tu trabajo,
tu justicia,
tus tiernos cuidados.

Invocación a Osiris

¡Alabado sea Osiris,
el Rey ha regresado!
¡Júzganos con cuidado,
aligera nuestros corazones,
refresca nuestros espíritus
mientras tu amor se desborda
como el agua de la crecida del Nilo!
¡Que nos llene tu luz sagrada!

Oración a Isis

Bendita Isis,
has descendido y
has reclamado a tu amante.
En este tiempo entre tiempos,
debemos vivir sin ti,
viajar más allá del velo.
Esperamos tu regreso
para ver la chispa de la vida
que tú posees.
Eso nos dará esperanza.

Invocación a la Anciana

Reina de la Sabiduría,
Reina de la Noche,

Reina que decide
el mejor momento para descansar,
el mejor momento para luchar:
¡mira con nosotros el caldero negro!
En sus vapores,
déjanos ver el futuro;
¡déjanos sanar el pasado!

Recibimiento a los ancestros

Como sabemos los que hemos perdido a seres queridos, el duelo es una emoción complicada que se une con el miedo que nos produce el recordatorio del Samhain de nuestra mortalidad universal.

Sentaos en esta mesa
donde el zumo de remolacha sangra rojo sobre el mantel.
Tomad, tenemos un plato para vosotros,
dejad que os sirvamos esta vez.
Ahí veis la cuchara para el segundo plato.
Estamos felices
de que hayáis recorrido el camino iluminado;
muy contentos de que hayáis cruzado el velo y el umbral
para estar con nosotros en esta noche sagrada.
Ahora rezad con nosotros,
para que vuestro viaje esté bendecido,
para que regreséis cada año
hasta que estéis listos para descansar.
Ah, pero miradlo, ¡ved nuestros cambios!
Las semillas plantadas, las hojas nutridas
han extendido sus ramas.
¡Algunos han dado frutos!
Ha habido un nuevo nacimiento,
nueva familia.

Nuestras manos han creado, tejido, escrito,
a veces alimentamos vuestra memoria
con el trabajo de nuestras manos,
las canciones de nuestras bocas,
y cuando os vayáis,
hacedlo con amor,
el amor inalterable entre nosotros
a cada lado del velo.

Oración para nuestros mayores fallecidos

¡Alabadas matriarcas! ¡Alabados patriarcas!
Venid aquí, recordad con nosotros,
recordaos a vosotros
como abuelas, abuelos,
como madres, padres,
como tías, tíos,
como hermanas, hermanos,
como hijas, hijos.
Os recordamos con historias
de guerreros y pacifistas,
de sanadores y profesores,
de granjeros y constructores,
de poetas y filósofos,
de gente que amábamos.
En los recuerdos de vosotros
habita un sentimiento viviente.
Esta es vuestra chispa, eterna;
un ascua ardiente,
una luz pasada de una generación
a la siguiente.

Invocación para los jóvenes perdidos

Apenas estuvisteis aquí, un destello, un parpadeo,
y entonces os fuisteis
lejos de nuestro alcance.
La pena por vosotros libera todos nuestros dolores:
hojas caídas, cielos oscuros,
amores fallidos, errores exitosos.
Maldecimos a la naturaleza,
tan hermosa, horrible y cruel;
maldecimos al destino,
a cada promesa hecha jamás,
a cada una que se rompió.
Sí, también os maldecimos a vosotros.
Esta pena es por los jóvenes:
ningún sabor es tan amargo
como el fruto que se marchita en las ramas sin que nadie lo pruebe,
ningún dolor es tan grande como el de un niño perdido,
que no conocerá una caricia cariñosa.

Oración para las almas reencarnadas

Sois polvo, sois viento,
sois agua.
Sois el recuerdo de hijos e hijas.
Estáis en la tierra como forraje.
No sabemos qué forma tenéis,
o si flotáis entre las estrellas.
Tan solo sabemos que estáis ahí fuera,
y que alguna mota de vosotros es nuestra.

Oración para las brujas fallecidas anteriormente

Las palabras que usamos
para invocar y confundir
giran de nuevas formas en la lengua.
Pero vosotras antes que nosotras sabíais
las palabras más antiguas
y lo que teníais que hacer.
No importan nuestras objeciones
sobre nombres correctos y poder;
guiadnos a la verdad y la sabiduría
de estas horas mágicas sagradas.
Los nombres que escogemos,
las visiones en disputa
importan muy poco:
con lo que vosotras hicisteis,
con la verdad reconfigurada,
sabemos que la magia permanece igual.

Oración para las mascotas que han fallecido

Entre los amigos que hemos enterrado,
llamamos a nuestros queridos compañeros, las mascotas.
De cuatro patas, de ocho o de ninguna,
con pelo, con plumas o escamas, pequeños y grandes,
sentimos vuestra presencia aquí.
Gracias por el cariño y los lametones,
por los culebreos amistosos,
por los gorjeos y las coces.
Tenéis un lugar en nuestros corazones
que permanecerá incluso después de vuestra partida.

Exilio para los espíritus malignos

Para los que creen que los espíritus que se aparecen no siempre son los de los seres queridos, el fino velo del Samhain es también un momento para hacer la limpieza del hogar. Aunque los espíritus que causan problemas a los vivos tienen más poder en esta época, los mortales también, de modo que es un campo de juego justo si quieres encontrarte tu casa al llegar tal como la has dejado o tener noches de sueño sin interrupciones.

Os expulso de aquí,
os hago marchar,
espíritus problemáticos,
¡id con los dioses!
Marchaos a los ríos,
id a los cielos,
os lo ordeno, ¡volad!
No permitiré que os quedéis
con vuestros problemas venenosos.
¡Lo sabré si os quedáis!
Os saco de aquí, garra por dedo,
os lo ordeno con estas palabras:
contad cada gota de agua de cada lago,
océano, río y mar;
contad cada grano de arroz que ha existido jamás,
y contad cada grano que pueda existir,
contad cada hoja de cada árbol
que vaya a caer o que vaya a haber.
No regreséis jamás,
¡no os acerquéis a mí!

Ofrenda de paz a los Sidhe

El Samhain cuenta con una larga historia de tradiciones sobre las hadas entre sus leyendas de amor y muerte. Mientras el velo se vuelve más fino entre los vivos y los muertos, también se vuelve más fino entre el mundo de los mortales y el de las hadas. Algunos de estos seres son traviesos, sin ninguna intención real de causar daño. A algunos no les hacen la más mínima gracia los mortales, y te comerán si das un paso en falso. Las hadas no piensan como los humanos, ni comparten la moralidad de los humanos. Sin embargo, sí que pueden comunicarse con nosotros. Algunos paganos modernos tratan de llevarse bien con las hadas, pero otros prefieren evitarlas. Como no hay forma de saber la clase de hada ante la que te encuentras, el siguiente encantamiento podría protegerte de los daños y verbalizar intenciones pacíficas:

Bebe este whiskey,
cómete estas hierbas,
tómate esta leche,
y después sigue tranquilamente tu camino.
Buena gente, aquí no queremos problemas,
que estéis bien, lejos del miedo.

Invocación para expulsar a las hadas malvadas

Expulsa a los Sidhe; fuera, ¡lejos de mi puerta!
Ya no sois bienvenidos en mis rincones ni en mis ventanas.
Por los clavos de hierro,
por el óxido de los raíles,
por el serbal, la peonía, la prímula y el hinojo,
por el metal de mi sangre,
¡que se acabe vuestro mal!

¡Ya es suficiente!
Por las cuatro direcciones os hago girar
y os expulso fuera;
¡mi umbral os expulsará junto a vuestras sombras!
(Adaptado del Crone's Book of Words de Valerie Worth)

Invocación de protección contra la Cacería Salvaje

Ancestros que camináis entre nosotros,
queridos Muertos que nos vigiláis,
escuchad las pezuñas galopantes,
ayudadnos a ponernos a cubierto
cuando los perros negros vengan ladrando,
cuando las sombras se deslicen demasiado largas y extrañas.
Conducidnos a avenidas bien iluminadas,
a puentes que crucen ríos raudos y ruidosos.
Escondednos de la Cacería Salvaje,
mantenednos alejados de la hambrienta mirada de la mortaja del
Arlequín.

Invocación de fuerza para enfrentarse al invierno

La traducción de Samhain como «fin del verano» significa, para muchos, que por delante aguardan días difíciles mientras la falta de sol le pasa factura al cuerpo y a la mente. En años particularmente difíciles, podría ser complicado festejar precisamente este día. Es difícil celebrar nada en años de dolor y dificultades. Esta es una temporada para expresar el dolor, el miedo y las preocupaciones como forma de acceder a esta poderosa energía para sanar o fortalecer lo que está por llegar.

Para algunos el frío se aferra demasiado profundo.
Para otros, la oscuridad atenúa las luces del interior.
El temor mortal siempre está ahí.
¡Hielo traicionero!
¡Tormenta forastera!
¡Clima salvaje, demasiado frío, demasiado cálido!
Tierra durmiente, déjanos alcanzar nuestras raíces,
que el aire frío nos muestre nuestro aliento,
que el sol brille con fuerza en los recuerdos
que podamos atraer hasta nuestra piel.
Cuando la ráfaga blanca cubra tu esperanza,
cuando los días se acerquen demasiado a la noche,
aliméntanos para que podamos recuperarnos
mientras el mundo vuelve a hacerse luminoso.

Oración tras un mal año

Las abejas han muerto,
la tierra se ha secado,
nuestras despensas se han vaciado.
Escuchadnos gritar
para dar la vuelta a la marea,
¡que los años venideros
sean años de abundancia!

Oración para superar las pérdidas

Llora a los muertos y llora a los vivos
por tomar sin fin y dar sin fin.
Libéranos de las espadas de dolor
por lo que jamás volveremos a tener.
El dinero se fue con deudas demasiado altas,
amigos una vez fieles se despidieron duramente,

probablemente murieron algunas plantas de la casa.
Nos mordemos la lengua preguntándonos por qué. ¿Por qué? ¿Por
qué?
Pero todavía sentimos esa presión:
si nos quejamos demasiado a menudo o alguna vez,
tal vez fracasemos en alguna medida virtuosa.
Ah, pero aquí tenemos algo de tiempo para llorar,
pues el Samhain nos invita a una dulce liberación
para purgarnos del dolor.
Cuando el amanecer llegue, como sin duda lo hará,
el peso de la pérdida se marchará con el canto del gallo.

Oración para despedirse del año viejo

Esta festividad representa al año nuevo relevando al antiguo. Es un momento de adivinación, en parte porque la magia de la temporada del Samhain hace que sea un momento excelente para hacer algunos preparativos que endulcen el futuro que tenemos por delante. Bendice la tierra, bendice a la familia, bendícete a ti, y bendice el año que está por llegar.

El fuego de la hoguera se apaga
mientras el tiempo del año viejo termina;
es la hora intermedia, sin duda alguna:
momentos peligrosos hasta que volvamos a encenderla.
Adiós a los problemas,
adiós al regocijo,
todo acaba de la misma forma:
con misterio envuelto en historias olvidadas
con el morir de las llamas.

Oración para un buen matrimonio

¿Debería arrancar una col
las noches en las que el velo es fino?
Que elija a alguien
que me traiga un amor duradero:
alguien amable,
de mente compatible,
y que también me trate bien.
A esta persona juro,
por el robusto tronco del roble,
que yo también la trataré bien.

Bendición de Samhain para la tierra

Que los vientos sean amables,
que las abejas sean bendecidas,
que el agua fluya libre y limpia.
Que el frío dé paso al calor
en la medida justa
para cada mes adecuado del año.

Invocación para bendecir el Año Nuevo

¡Bendito sea el Nuevo Año!
Te purificamos con agua,
te regalamos cerveza,
te avivamos con fuego,
limpiamos tu aire.
Que este resplandor pase a todos aquí,
que nuestros esfuerzos sean fértiles
para vivir con alegría.
Mantén a flote nuestro espíritu,

haz que el mundo brille.
¡Bienvenido, nuevo annum, en esta noche de Samhain!

Invocación para dar la bienvenida al año nuevo

Ascua que calienta y crece
hasta que la chispa se convierta en llama:
parpadea y elévate, ilumina los cielos oscuros.
Tu luz envía nuestro amor a las estrellas.
La tierra se inclina a través de esa curva final,
en la que el calor y el frío se invierten por completo.
Aunque este giro sea tan antiguo como el tiempo,
nuestra presencia lo hace renacer como nuevo;
tuyo y nuestro.
Qué meteoritos yacerán al paso terrestre,
qué seres queridos abandonarán el mundo,
qué preciado amor vendrá en nuestra búsqueda,
todo es desconocido para nosotros este día.
Pero con él viene lo bueno y lo malo:
el Año Nuevo ya está ardiendo.
Lo alimentamos con lo que una vez tuvimos,
para que el nuevo año nos alimente con nuevos deseos.

Oración de adivinación

Calma mi mente,
enfría mi alma,
envíame a mi interior
para descubrir lo que conozco.
Abre mi visión,
guía mi corazón,
dime la sabiduría
que debo impartir.

Bendición para una vela

Vela a la vela,
llama a la llama,
te transmito esta luz,
haz tú lo mismo
contra el miedo al que nos enfrentamos.
Más y más brillante,
transmite el resplandor:
cuanto más altas sean las llamas,
más ligeras serán nuestras cargas.
Lo que nos agobia se aligera al compartir nuestra luz.
Si la vela se apaga,
tenemos a nuestros vecinos.
Con el viento y el frío,
compartimos nuestras labores:
¡volveremos a iluminarnos de nuevo!

Meditación para dar la bienvenida a la oscuridad

Todo en el Samhain (sus tradiciones, su significado espiritual, sus festividades anteriores y posteriores) crea una conversación psicológica entre la humanidad y la oscuridad. Las noches más largas pueden significar muchas cosas peligrosas, tanto por el frío como por la ventaja que proporciona la oscuridad a los depredadores. Pero también significa un periodo de descanso que tanto necesitamos, momentos para sanar y meditar que tal vez no nos permitiríamos de otro modo. Esta meditación activa te ayuda a evaluar tu propia relación con la oscuridad, y a extender tu comprensión y celebración del tiempo en el que reina la noche.

Escoge una noche durante los treinta días anteriores al Samhain, preferiblemente una con el cielo nublado pero en la que no haya probabilidades de lluvia. Si tienes un jardín en el que puedas hacerlo estaría bien, pero si vives en una zona muy iluminada o no tienes jardín, tendrás que elegir un lugar donde te sientas a salvo quedándote inmóvil durante la noche.

Ve a este espacio exterior y mira el cielo oscuro. Utiliza todos tus sentidos para evaluar el espacio a tu alrededor y el espacio entre el cielo y tú. Respira hondo varias veces. ¿Te parece un lugar abarrotado o espacioso? ¿El suelo debajo de tus pies está blando o duro? ¿Qué están haciendo las sombras a tu alrededor? Vigila tus propias reacciones y observa los pensamientos que se te pasen por la mente sin adentrarte en ellos. Si las nubes se separan y puedes ver parte del cielo nocturno, presta atención a cualquier estrella que puedas ver, o a la fase y el color de la luna. Imagínate sintiendo la distancia entre la parte superior de la nube y el cielo nocturno. Imagínate convirtiéndote en parte del espacio entre las estrellas y la tierra. Y, mientras lo imaginas, fíjate en lo alejado que se encuentra todo. Como estás en el exterior, es probable que te des cuenta de que sientes un poco de frío.

Lleva tu atención a la capa de nubes. Imagina que eres la nube; cómo sentirías el aire y la luz desde arriba, cómo sentirías el aire y el suelo de debajo. Siente la forma en que las moléculas se mueven y giran, pero cómo, aun así, permanecen lo bastante cerca como para crear formas. Mira el suelo a tu alrededor: ¿te encuentras en un punto de profunda oscuridad porque las nubes proyectan una sombra? Mira y escucha a tu alrededor en busca de alguna evidencia de movimientos animales o del movimiento de la brisa. ¿En qué se diferencia tu experiencia de estas cosas durante la noche respecto al día? Presta especial atención a la forma en que la oscuridad podría distorsionar las cosas familiares. Pregúntate esto: ¿la noche ha cambiado esta cosa distorsionada, o es solo mi percepción la que ha cambiado?

Finalmente, imagina cómo te vería alguien que se encontrara contigo. ¿Sabrían que hay un ser humano ahí? ¿Qué más podría percibir esa persona si todo tu ser está cubierto de sombras?

¿Cómo cambiaría esa percepción en base a la dirección de la que viene esa persona, o de su humor o su salud?

Ahora vuelve a ti otra vez, pisa el suelo con fuerza, menea los dedos y agita la cabeza. Cuando termines, vuelve al interior y disfruta de una bebida caliente ahora que has dado la bienvenida a la oscuridad.

RITUALES
DE
CELEBRACIÓN

...tion, wisdom, survival, preservation, hunting, other worlds,

release from old bonds, road openings, fire, protection, sun...

...scorpio, sun sign of scorpio, dark moon, pleiades at highe...

...midnight, the crone, the grieving mother, the grieving wife,

...Persephone and Hades, Ereshkigal, Osiris, Janus, Cer...

...nos, the Dagdha, Hecate, Dis Pater, Hel, Inanna, ...

...Lilith, Macha, Mari, the Morrigan, Osiris, Isis, ...

...nnon, Samana, Teutates, Taranis, the Horned God, th...

...nge, brown, yellow, grey, green, cedar, dittany of crete, sag...

...wheat, rye, pumpkins, hazel, hemlock, chrysanthemum, ...

...old, jet, obsidian, onyx, carnelian, moonstone, iron, black...

...owls, ravens, decaying leaves, myrrh, copal, death, wheel of ...

...priestess, cauldron, mask, besom, apple, pumpkin, fermented ...

...pickled eggs, pickled beets, roasted nuts, new nuts, appl...

...divination, soul cakes, sugar skulls, jack-o-lanterns, bo...

...ling, seances, scrying, bonfires, trick-or-treating, mummer...

...graveyards, dedicate memorials, visit nursing homes, sam...

...n gaef, calan gaef, gealach a ruadhain, calan gaef, kalo...

El Samhain, por ser el *sabbat* más importante de la Rueda del Año, es un asunto serio. Eso no significa que no puedas pasarlo bien con el ritual, pero sí que significa que tienes que tratar cualquier cosa que invoques o invites con el máximo de los respetos. También es algo que propicia la introversión estacional. Muchas personas se apartan de sus vidas sociales corrientes en esta época. Mientras en el Mabon se tienen las cosas exteriores en cuenta, durante el Samhain se hace un descenso interno. El giro de la Rueda hasta este punto hace revertir la parte reflexiva hacia las verdades espirituales del interior. Antiguamente, se creía que este momento del año era peligroso: tanto las hadas de intenciones malignas y los espíritus errantes como los ancestros ofendidos suponían sus riesgos.

Aunque los paganos modernos no comparten estos miedos antiguos, parece adecuado pecar de precavidos durante el Samhain. Para algunos, entre estas precauciones se encuentran trazar círculos antes de comenzar los rituales, estar alerta sobre a qué y a quién se está invocando o invitando, y asegurarse de que los elementos invocados tengan una despedida apropiada. Los círculos trazados y las invocaciones de aquí son meras sugerencias; tal vez desees reestructurarlas para alterar el entorno de tu ritual, o simplemente para expresar tu propia relación con estos conceptos.

Ritual en solitario para ver más allá del velo

Propósito:

Este ritual te ayuda a ver más allá del velo, el otro mundo. Esta experiencia podría ser diferente para cada persona; podrías ver ancestros y hadas, o simplemente podrías ver el mundo de una forma distinta, con la sensación de nuevas posibilidades. Aunque está pensado como un ritual en solitario, tal vez quieras invitar a alguna amistad de confianza para que haga de observador, aunque no es necesario para realizar este ritual. Si te decides a llamar a alguien, esta persona tiene que asegurarse de que no vuelques nada, de que no te hagas daño a ti ni a nadie, y de que vuelvas a tu propio ser cuando la música haya terminado. La energía del Samhain es poderosa, y pueden ocurrir cosas extrañas: ¡por eso siempre está bien preparar unas cuantas medidas de seguridad!

Este ritual se basa en el movimiento. Si estás en silla de ruedas o tienes dificultades con el movimiento, también puedes realizarlo como una meditación con movimientos mínimos. Si puedes moverte, pero tienes propensión a la rigidez, tal vez quieras estirarte primero o seguir un programa de ejercicios de flexibilidad antes de comenzar.

Ambiente:

Un lugar donde te sientas a salvo. Da igual que sea interior o exterior, siempre que el espacio esté limpio, abierto y libre de muebles o cosas con las que puedas tropezar.

Necesitas:

- Una máscara decorada de alguna forma que te resulte significativa.

- Decoraciones de altar como paños (el negro, el naranja y el rojo son colores estupendos para el Samhain).
- Una vela negra (si tiene forma de calavera sería perfecto, ya que se presta de forma natural a la magia para cambiar las percepciones).
- Cerillas
- Vino, té, aceite de oliva o agua para libaciones
- Un atril o un podio en el que puedas colocar este libro o una copia del ritual, para que sea más fácil utilizarlo mientras lo realizas.
- Pétalos de caléndula, clavel del moro o crisantemo, y hojas de romero, artemisa o ajenjo.
- Toallas
- Un pequeño vial de aceite de oliva o de girasol; también puedes añadir al aceite semillas de granada, mirra o incienso. Utilízalo para ungirte. Las hierbas recomendadas no son necesarias, pero tienen cualidades terrosas que son apropiadas para un ritual de Samhain.
- Vestimenta cómoda
- Un pañuelo para el pelo u otra prenda con la que puedas cubrirte la cabeza (lo mejor es que sea blanca o negra, pero cualquier color sirve).
- Música instrumental con la que te guste moverte
- Un *athame* o una varita
- Apagadores de velas o cualquier otra herramienta de seguridad contra el fuego.

Preparaciones antes del ritual:

Establece tu espacio sagrado antes de comenzar. Necesitas un lugar en el que puedas bailar con libertad, donde cualquier parafernalia esté lejos de los pies en movimiento. Tal vez quieras limpiar una mesa de comedor y prepararla como altar para este propósito específico. Coloca los paños y encima la máscara, la vela negra o con forma de calavera, una botella de aceite de oliva, un cuenco, botellas de agua y cualquier bebida que quieras utilizar a modo de ofrenda. Tal vez quieras trazar un círculo en este momento.

Aunque tradicionalmente los que trazan los círculos lo hacen con un diámetro de unos tres metros, puede que necesites trazar un círculo que rodee una habitación completa o una planta de tu casa. Los círculos mágicos no sufren de limitaciones por parte de las leyes de la física. Puedes trazarlos aunque atraviesen un espacio físico. Puede que necesites trazarlo a través de las paredes, los suelos y los techos. Es mucho más fácil que tu casa entera esté dentro de un círculo que realizar un ritual de movimiento en el que no puedas salir de un pequeño círculo.

Puedes ponerte en modo multitarea y hacer esto justo antes de montar el altar: prepara una decocción de caléndula, romero y artemisa. Cuela el té y reserva el líquido. Prepara un baño y vierte el líquido dentro de la bañera, mirando el agua y transmitiendo tu intención en ella. Pide que tus preocupaciones diarias y tus desequilibrios personales se limpien con el agua, para que puedas emerger con pureza y preparado para el trabajo que tienes por delante.

Sécate y después úngete con el aceite de oliva en cada uno de los siguientes puntos (si tus movimientos están limitados, unge lo que puedas alcanzar):

- En la coronilla de tu cabeza, diciendo: «Me conecto con lo divino».

- En los párpados, diciendo: «Para ver la verdad con claridad».

- En los labios, diciendo: «Que solo salga verdad de mis labios».

- En el corazón, diciendo: «Conozco la verdad de mi corazón».

- En el estómago, diciendo: «Celebro la fuerza de mi cuerpo en todos los mundos».

- En las rodillas, diciendo: «Mi cuerpo me sostiene en mi camino».

- En la parte superior de tus pies, diciendo: «Camino con la verdad y bailo con el universo».

- En la palma de cada mano, diciendo: «Mis manos son instrumentos para crear el bien».

Ponte de pie con las piernas separadas a la altura de tus caderas y los brazos extendidos a la misma altura. Visualiza una luz blanca entrando en tu cuerpo por la coronilla y viajando hasta cada punto ungido. Cuando te sientas resplandecer, con tu cuerpo moviéndose en cada punto, vístete con tu ropa ritual. Tal vez quieras añadir un sombrero o un pañuelo para el pelo; en muchas religiones, la cabeza cubierta es una señal de respeto a una deidad, y hay anécdotas de que los nuevos iniciados en la práctica que invocan a Hécate a veces experimentan dolores de cabeza. Ponerte un pañuelo para el pelo u otra prenda para cubrirte la cabeza puede reducir esto.

Ve a donde has preparado el ritual. Prepárate una taza de té con la artemisa que haya sobrado. Pon música lenta que te ayude con un ambiente espiritual. Cuando te hayas terminado el té y sientas que te has relajado de forma adecuada, comienza a trazar el círculo si no has establecido ya un espacio sagrado.

El ritual:

Coge tu *athame* o tu varita, y extiéndelo para formar un círculo. Después, camina tres veces alrededor del área que hayas designado.

La primera vez, recita:

Llevo este lugar al espacio escondido
entre mundos y entre velos,
donde la vida y la muerte se han unido

La segunda vez, recita:

Todo está protegido dentro de este círculo sagrado,
desde el cielo a lo más profundamente enterrado

La tercera vez, recita:

Que todos los seres que de verdad desean mi bienestar
Vengan a proteger este círculo,
del cielo, el agua, la madera o la ciudad,
¡Que así sea!

Si esto se adecúa a tu práctica, puedes pasar a las invocaciones de los cuartos. Mira hacia el este y recita:

Bendito sea el elemento del aire,
las fuerzas que hacen soplar el viento y fluir el tiempo,
bendito sea el guardián de la torre del este, Rafael,
vigila este círculo para que tenga razones para disfrutar
aprendiendo,
y protección de cualquier daño.
¡Que así sea!

Mira hacia el sur y recita:

Bendito sea el elemento del fuego,
las fuerzas que hacen que el fuego baile y nos dé calor,
bendito sea el guardián de la torre del sur, Miguel,
vigila este círculo y protégeme de cualquier daño.
¡Que así sea!

Mira hacia el oeste y recita:

> *Bendito sea el elemento del agua,*
> *las fuerzas que la agitan desde dentro,*
> *bendito sea el guardián de la torre del oeste, Gabriel,*
> *vigila este círculo y guía mi percepción*
> *hacia aquello que beneficie a mi conciencia.*
> *¡Que así sea!*

Mira hacia el norte y recita:

> *Bendito sea el elemento de la tierra,*
> *las fuerzas que nos dan tranquilidad,*
> *bendito sea el guardián de la torre del norte, Uriel,*
> *vigila este círculo y guíame sin peligros en este viaje.*
> *¡Que así sea!*

Tómate unos momentos para escuchar los ruidos a tu alrededor antes de pasar a la invocación. Alza la bebida embotellada encima del cuenco, como si estuvieras sosteniéndola para que alguien la viera desde el cielo. Después, recita la invocación.

> *¡Bendita sea Hécate, reina de toda brujería!*
> *Tú que guardas todos los secretos,*
> *tú que dices todas las verdades.*
> *Acepto que venir ante ti significa despojarme de los secretos que*
> *guardo de mí.*
> *Temida reina, sé gentil conmigo, y si puedes:*
> *ayúdame a ver más allá de mi mundo,*
> *a abrir la avenida del pensamiento,*
> *a dejarme ver lo que más necesito ver*
> *durante esta noche.*

Después, vierte la libación en el cuenco.

Ahora, detente para encender la vela negra. Mira el fondo de la llama durante unos cuantos segundos, desenfocando tu visión durante un momento antes de que vuelva. Después de hacer esto unas cuantas veces, concéntrate en el ritmo de la música que suena y el movimiento que esta inspire en ti. Mientras sientes que te alejas deslizándote de la conciencia ordinaria hacia algo más profundo, ponte la máscara.

Cierra los ojos durante diez segundos y después vuélvelos a abrir. Baila o mécete con la máscara puesta. Imagina que la máscara es otra persona, y que estás viendo a través de los ojos de esa persona. Mira a la habitación que tienes a tu alrededor: ¿todavía te resulta familiar? ¿Qué te parece diferente? Observa tus pensamientos. ¿Suenan como normalmente piensas? Observa, si puedes, el modo en que sientes tu cuerpo mientras te mueves. ¿En qué se diferencia de tu estilo de movimiento habitual?

Cuando hayas escuchado todas las piezas que has escogido, quítate la máscara y apaga la música. Siéntate en silencio y medita durante unos momentos, estirando tu cuerpo y mirando a la habitación a tu alrededor hasta que vuelva a resultarte familiar. Tal vez necesites encender una luz o dos para ayudarte con este proceso. Cuando sientas que has regresado por completo, cierra el ritual.

Vierte otra libación para Hécate, da un sorbo antes de verter el resto en el cuenco y recita:

Bendita reina, dama Hécate,
me has regalado el privilegio de ver más allá de mí.
He caminado en tu mundo temible,
y tú con amabilidad me has hecho regresar.
Por esto, te doy las gracias.
El rito ha terminado, pero la noche continúa,
así que si has de irte, te deseo lo mejor en tu camino.
¡Bendita seas!

Ahora, libera los cuartos. Mira hacia el norte y recita:

Bendito Uriel, guardián de la torre del norte,
de los elementos de la medianoche y de las fuerzas de la calma y la
tranquilidad.
Te doy las gracias por tu protección y te libero para que sigas tu
camino.
¡Que así sea!

Mira hacia el oeste y recita:

Bendito Gabriel, guardián de la torre del oeste,
de los elementos del crepúsculo y las fuerzas de la profundidad y el
sentimiento.
Te doy las gracias por tus energías y te libero para que sigas tu
camino.
¡Que así sea!

Mira hacia el sur y recita:

Bendito Miguel, guardián de la torre del sur
de los elementos del cenit y las fuerzas del calor y del cambio.
Te doy las gracias por tu protección y te libero para que sigas tu
camino.
¡Que así sea!

Mira hacia el este y recita:

Bendito Rafael, guardián de la torre del este,
de los elementos del amanecer y de aquello que se remueve y
susurra.
Te doy las gracias por tu protección y te libero para que sigas tu
camino.
¡Que así sea!

Coge tu *athame* y abre el círculo. Tómate tu tiempo para beber agua o zumo y estira los músculos. Después, busca un lugar donde puedas escribir o hacer una grabación de voz de tu experiencia mientras tenías la máscara puesta. ¿Qué sensaciones físicas experimentaste? ¿Cuáles fueron tus emociones? ¿Qué formas viste en el ojo de tu mente? Durante el mes de noviembre, puedes volver a esta experiencia para elaborar una lista de símbolos y presagios personales.

Ritual de Samhain para una pareja

Propósito:

Este ritual forma o mejora una conexión psíquica entre tu pareja y tú. Realizar esto durante el Samhain hace que sea especialmente poderoso; la experiencia compartida puede crear una profunda intimidad.

Necesitas:

- Un espacio privado en el que puedas realizar el ritual sin interrupciones
- Una bandeja para utilizarla como altar
- Una vela negra y otra blanca
- Un athame
- Un cáliz
- Aceites de masaje y hierbas que quieras añadirle
- Un recipiente lleno de agua o vino tinto

Ambiente:

Interior, preferiblemente cerca de una chimenea.

Preparaciones antes del ritual:

Este ritual está relacionado con el Gran Rito. Aunque muchas parejas prefieren una unión física para este ritual, puedes realizarlo de forma simbólica si vuestra salud, moralidad o edad no os permite realizar el coito completo. Aunque elijas realizar esto de forma simbólica, tómate tu tiempo con semanas de antelación para reflexionar: ¿confías en tu pareja? ¿Quieres exponer tanto de tu yo interior a esta persona? ¿Quieres ver lo que vive dentro de este otro ser?

Antes de comenzar, deja en otro sitio a cualquier mascota y a los niños con alguien que los cuide. Apaga cualquier teléfono y las notificaciones de cualquier dispositivo. Tal vez quieras colocar un cartel de «no molestar» en la puerta si te parece seguro hacerlo.

Los dos deberíais daros un baño de antemano. Poneos ropa cómoda y holgada. Extended una manta o una alfombra. Colocad la bandeja que hará las veces de altar, con las velas en los bordes exteriores y el *athame* y el cáliz entre las velas, en el centro. Coloca la vela negra a la izquierda y la blanca a la derecha. Tal vez queráis tumbaros también para aseguraros de que estáis cómodos. Colocad algún cojín si cualquiera de los dos experimenta incomodidad estando sentados durante largos periodos. Decidid quién de los dos debería trazar el círculo, quién debería invocar a los cuartos, y si una persona debería realizar la invocación o si deberíais hacer la invitación juntos.

El ritual:

El miembro de la pareja que traza el círculo debería decir:

> *Este es nuestro tiempo,*
> *este es nuestro lugar*
> *al borde de la realidad,*
> *donde los dos nos sentimos seguros.*
> *El Señor y la Dama*

caminan aquí juntos,
más allá del velo, libres del miedo mortal.
Por arriba y por debajo,
por dentro y por fuera,
rodeados estamos de nubes protectoras.

A continuación, invocad a los cuartos. La persona que vaya a hacerlo tiene que mirar hacia el este y recitar:

Bendito sea el este, el movimiento y el conocimiento.
Miramos en la dirección del viento que estamos sintiendo.

Después, tendrá que mirar hacia el sur y recitar:

Bendito sea el sur, y la colina donde arde el fuego.
¡Os miramos para que cumpláis nuestro deseo!

Después, tendrá que mirar hacia el oeste y recitar:

Bendito sea el oeste, y los ríos de las profundidades.
¡Os miramos mientras realizamos nuestros rituales!

Después, tendrá que mirar hacia el norte y recitar:

Bendito sea el norte, y la tierra oscurecida.
¡Os miramos entre la muerte y la vida nacida!

Entonces, un miembro de la pareja debería encender las velas mientras el otro recita la invocación/invitación, o también pueden hablar los dos juntos.

¡Benditos sean el Señor y la Dama!
¡Te deseamos suerte en tu descenso,
gran madre!

Como tú conoces a tu amante,
¡que nosotros conozcamos al muerto!

La persona que está encendiendo las velas debe verter unas gotas de vino en el cáliz mientras la otra persona realiza la segunda invitación, o lo hacen los dos juntos:

¡Benditos sean Morrigan y Dagda!
Os saludamos en vuestra unión de esta noche,
mientras confluyen dos ríos,
mientras la vida y la muerte se unen,
¡que así sea!

Tomaos un momento de silencio para honrar la presencia de los dioses antes de comenzar.

Sentaos con las piernas cruzadas, mirándoos cara a cara. Miraos mutuamente a los ojos. Parpadead de forma natural y sincronizad vuestra respiración. Tal vez queráis cantar, tararear o recitar algo juntos. Los dos deberíais tener momentos de visión emborronada. No pasa nada si parpadeáis, apartáis la mirada y volvéis a miraros. Uno de los miembros de la pareja debería decir: «Me abro a ti». Y el otro debería responder: «Y yo a ti».

Cuando los dos sintáis la conexión, colocad las palmas contra las de vuestra pareja. Continuad sincronizando vuestra respiración y volved a miraros a los ojos. Relajaos y concentraos en el movimiento, en el sonido de vuestra respiración y en cualquier sonido que pueda haber de fondo. Mientras os miráis, tal vez os encontréis experimentando respuestas emocionales, visiones o intuiciones. Permitíos tenerlas. Si queréis reír o llorar, hacedlo. Si tu pareja tiene esa reacción ante ti, acéptala y explora si puedes compartir esa emoción. Presta atención cuidadosamente a tus respuestas físicas mientras os tocáis y miráis. Algunas serán familiares, especialmente aquellas que estén relacionadas con la atracción sexual. Sin embargo, otras podrían ser nuevas; esas os darán una información más profunda sobre vuestra pareja. En cuanto la respuesta haya pasado, continuad mirándoos hasta que sintáis que no hay nada más que descubrir.

Cuando las sensaciones físicas se hayan detenido, seguid adelante con el Gran Rito. Si decidís realizarlo de forma simbólica, que un miembro de la pareja tome el *athame* y el otro tome el cáliz. El que coja el cáliz debe verter un poco de vino en él, tomar un sorbo y decir: «Este es el amor y la confianza que fluye entre nosotros». Se lo tendrá que ofrecer a su pareja, diciendo: «Que nunca sientas sed».

La persona que tenga el *athame* debe aceptar el cáliz y, tras tomar un sorbo, decir: «Que nunca sientas sed» antes de devolvérselo. Después, el miembro de la pareja que tiene el cáliz debe sostenerlo en alto, mientras que el que tiene el *athame* baja la punta de la hoja hasta el cáliz y recita:

Como el Dios y la Diosa se unen
en el rito que crea todas las cosas,
Como Morrigan y Dagda se unieron
para la confluencia entre la vida y la muerte,
nosotros también nos unimos en amor perfecto y perfecta confianza,
en este tiempo entre el tiempo y este espacio entre el espacio.

Apartad el *athame*, limpiad la punta, y después pasaos el cáliz entre vosotros hasta que esté vacío.

Mientras os pasáis el cáliz, hablad sobre vuestras experiencias, miraos mutuamente a los ojos. Si alguno de los dos experimenta o ve algo difícil, que sea parte del trabajo del nuevo año, comprended esta dificultad y sanadla o integradla.

Reservad un poco de vino hasta el final. Después, verted una pequeña cantidad y levantad el cáliz en un saludo. Recitad juntos:

Por Morrigan y Dagda, por el Señor y la Dama,
con gratitud por vuestra presencia aquí,

y con una cariñosa despedida.
¡Que nunca sintamos sed de comprensión entre nosotros!

La persona que ha invocado los cuartos debe liberarlos por orden. Primero, tendrá que mirar hacia el norte y decir:

Bendito sea el norte, donde vive el mundo.
Te liberamos con amor. ¡Que así sea!

Después tiene que mirar al oeste y decir:

Bendito sea el oeste, donde los mundos se encuentran.
Te liberamos con amor. ¡Que así sea!

Después, tendrá que mirar hacia el sur y decir:

Bendito sea el sur, donde arden las hogueras.
Te liberamos con amor. ¡Que así sea!

Después tiene que mirar al este y decir:

Bendito sea el oeste, donde vive todo el conocimiento.
Te liberamos con amor. ¡Que así sea!

La persona que ha trazado el círculo debe abrirlo, diciendo:

¡Abrimos el círculo en este sitio y este lugar,
para ya sin miedos al año poder saludar!
¡Que así sea!

Después del ritual, pasad un tiempo planeando algunas actividades festivas para el futuro cercano. Escoged actividades con las que podáis hablar entre vosotros y compartir vuestras impresiones. Asistid a alguna clase en la que los dos aprendáis y compartáis una habilidad reforzará de forma especial el vínculo que habéis forjado durante este ritual.

El laberinto físico: un viaje en grupo hasta el inframundo

Propósito:

Este ritual ayuda a concienciar sobre la actividad más allá del velo, y construye una comprensión sobre por qué necesitamos mitologías sobre la muerte y dioses ctónicos. También toma el simbolismo del laberinto y lo combina con el popular motivo de la casa encantada. Cada alma que viaja camina por un sendero definido que requiere los mismos pasos para entrar o salir de él. Esto hace que el laberinto sea el símbolo del trabajo espiritual.

Ambiente:

Interior: vas a tener que organizar un camino complicado, ¡es mejor que no tengas que luchar contra los elementos mientras lo haces!

Necesitas:

Disfraces: los que representen algún personaje deberán crear su propio disfraz. Todos deberían permitir la facilidad de movimiento (es mucho más fácil entrar en la mentalidad de un personaje cuando no hay nada incómodo que te distraiga).

Espacio interior: puedes utilizar la casa de alguien, suponiendo que esa persona pueda apartar todos los muebles de en medio. Dependiendo del tamaño del grupo, tal vez necesites reservar o alquilar un espacio dentro de un edificio público o una iglesia, o incluso hablar con una biblioteca o un museo de tu zona para utilizar su sótano o algún otro espacio abierto.

El patrón de un laberinto: esto será mucho más fácil si tienes las medidas de la habitación en la que vayas a trabajar y el patrón del laberinto que quieres utilizar. Puedes encontrar imágenes de toda clase de laberintos en internet o en libros de la biblioteca.

Cinta de carrocero: utiliza la cinta para trazar el camino total del laberinto en el suelo.

Divisores: necesitarás dividir el camino a lo largo del laberinto. Hay personas que utilizan cartones altos anclados al suelo de diferentes formas. Otras utilizan cintas de tendedero atadas de forma elaborada. También puedes establecer caminos divididos mediante cajas de cartón que lleguen hasta la cintura y añadir objetos altos para ocultar los caminos mientras las almas viajeras doblan cada esquina.

Linternas o luces LED: los guías y los personajes deberían tener alguna clase de iluminación. Esto es en parte por simbolismo y en parte como medida de seguridad.

Pequeños altares: debería haber un altar en el centro del laberinto, y después uno en cada encrucijada principal (idea tomada directamente del laberinto que se utilizó en el Orgullo Pagano de Minneapolis del año 2013).

Preparaciones antes del ritual:

Este ritual requiere preparación extra, desde unos pocos días hasta una semana. Prepararlo todo supondrá una gran cantidad de trabajo, y normalmente no será algo que se pueda hacer con facilidad en unas pocas horas. Todo depende del tamaño del grupo con el que vayas a trabajar y del espacio que puedas obtener para este trabajo. Primero, escoge un inframundo. Las diferentes culturas antiguas tenían ideas diferentes sobre el aspecto que tenía el inframundo y cómo cambiaba a lo largo del tiempo.

En este ritual, una parte del grupo adopta el papel de guías en el inframundo escogido; mientras que otros son las almas. Puedes realizar este ritual a una escala grande y teatral o a una escala más pequeña y personal.

Los que adopten el papel de un personaje del inframundo o el papel de un guía deberían tener más experiencia con la práctica ritual que los que recorran el laberinto. Cuando se asume el papel de un dios o una diosa específicos en un contexto ritual, a veces la deidad representada manifestará su personalidad dentro del cuerpo de la persona que interprete ese papel. Aunque normalmente no es algo peligroso, es buena idea tener cerca a alguien que permanezca en su conciencia habitual para que haga las veces de observador de los que adoptan roles arquetípicos. Asegúrate de que los que interpreten personajes dentro del laberinto también tengan más experiencia con las conciencias alteradas y, a poder ser, que tengan alguna experiencia con ceremonias como la de Bajando la Luna u otras similares.

Los que decidan recorrer el laberinto deberían llevar ropa de calle con bolsillos; cuantos más bolsillos haya, mejor. Aconséjales que tengan al menos dos monedas de color dorado o plateado, y que llenen sus bolsillos de botones, caramelos, imperdibles, juguetes pequeños u otras naderías. Estos objetos serán ofrendas en distintos puntos del laberinto.

Aunque el siguiente ritual crea una especie de camino a seguir genérico por el inframundo o la otra vida, tal vez quieras crear un ritual de acuerdo con un panteón o un tema específico. Estos son algunos inframundos que podrías tener en cuenta, dependiendo de la herencia cultural compartida por los miembros de tu grupo y/o vuestras inclinaciones espirituales:

Egipcio: La persona que moría tenía que superar distintas pruebas para llegar hasta el centro del inframundo. En ese momento, se pesaba el corazón del alma. Si era más pesado que una pluma, se consideraba que esta persona no estaba preparada para la otra vida. *El libro egipcio de los muertos* de E. A. Wallis Budge daba detalles específicos sobre este proceso.

Griego: En la antigua Grecia, el alma viajaba hasta el río Estigio y le daba al barquero Caronte una moneda que sus seres queridos habían dejado en la boca o en la mano de su cadáver. Desde aquí, lo llevaban hasta el Hades y se presentaban ante el trono de Hades, que juzgaba todas las almas. Los que eran buenos iban a los Campos Elíseos, mientras que los que eran malvados iban al Tártaro, una tierra de castigo eterno.

Nórdico: En la cultura vikinga, asignaban a sus muertos a uno de los tres inframundos: Helheim, Valhalla o Fólkvangr. Mientras que el Valhalla se describía como un lugar de continuas batallas, los propósitos de las otras tierras no estaban claros. Los propios Asatrús declaran que creen que los virtuosos se reunirán con los suyos en el más allá y seguirán experimentando satisfacción y desafíos, mientras que los que hayan escogido vidas de excesos se enfrentarán a una vida después de la muerte de depresión y aburrimiento. Los Asatrús modernos ven los mitos y las vidas del más allá como metáforas simbólicas. Si hay suficientes personas de tu grupo interesadas por el panteón nórdico, tal vez valga la pena buscar más detalles sobre los mitos nórdicos de la vida después de la muerte, comenzando con la lectura de la *Edda poética.*

Siempre que mantengas el significado sagrado del ritual, también puedes adaptar elementos de un mundo ficticio que te hable de una verdad espiritual. *Alicia en el País de las Maravillas* suele ser una elección popular para los viajes rituales; también podrías plantearte mundos como Hogwarts de *Harry Potter* o el mundo chamánico de la película *La máscara de cristal* de Neil Gaiman.

También puedes centrarte en la era espacial y crear un tema basado en tu universo favorito de ciencia ficción y viajes espaciales, recorriendo esos arquetipos sobre la muerte que hay en las estrellas.

El siguiente ritual sirve como ritual experiencial general, centrándose en las relaciones modernas y los procesos de la vida y la muerte. De este modo, no se requiere una creencia especial en la vida después de la muerte; simplemente será una forma más de acercarse al pensamiento al respecto. Puedes hacer uso del ritual al pie de la letra, o puedes tomarlo como una inspiración para ayudarte a formar tu propio laberinto enfocado a una cultura o teología concreta.

El ritual:

Justo antes del ritual, la persona que haga las veces de guía del recorrido debería caminar por el laberinto de un lado a otro, purificando el camino con salvia blanca o incienso, o rociándolo con un té de alcanfor y salvia.

El centro del laberinto debería tener el altar principal. Si te encuentras en un lugar que lo permite, prepara la mesa con las representaciones del Señor y la Dama, un cáliz, una bebida, incienso y velas. Si en la ubicación donde estés no se permiten velas e incienso, puedes utilizar luces LED y verter unas gotas de aceite esencial en una porción de alcohol de fricción del tamaño de un vaso de chupitos para una liberación de aromas similar.

Justo antes del ritual, alguien que actúe como sacerdote o sacerdotisa debería ir al centro del laberinto para realizar una breve oración/invocación.

Una sugerencia de invocación es esta:

¡Benditos sean los elementos de la naturaleza!
Sed amables aquí, en estos caminos,
pues todos estamos todavía aprendiendo.
¡Benditas sean todas las cosas vivientes,

esas que viven en el intermedio!
Os saludamos en este lugar intermedio esta noche.
¡Benditos sean nuestros ancestros,
nuestros poderosos muertos!
Sed amables con lo que nos enseñéis esta noche.
Os recordamos, perdonadnos por llorar nuestras pérdidas;
después de todo, el duelo es una parte de estar vivos.
Saludamos a la Diosa, que ha descendido,
y saludamos al Dios, mientras lo visitamos en su reino.
¡Benditos seáis!

Desde este momento, la sacerdotisa que hace la invocación debe ocupar su lugar. En este punto, esta versión de ritual adopta el punto de vista de lo que el visitante debería ver mientras viaja a través del laberinto.

Cada una de las personas que vayan a recorrer el laberinto deben esperar en el exterior mientras se consagra el espacio. Justo al lado del exterior de la entrada, debe haber dos cuencos: uno lleno de agua a la derecha, y otro vacío a la izquierda. Cuando el guía aparezca, debe pedirle al alma que deje una moneda en el cuenco vacío y que después se lave las manos en el cuenco de agua. Si esto parece poco higiénico, anima a cada persona a traer su propia toallita que pueda mojar en el agua y después escurrir después de utilizarla.

Mientras el alma sumerge las manos en el agua, el guía debe decirle: «Tú eres agua, y el agua eres tú. Cuando cruces esta agua, cruzarás sobre ella y entrarás en el mundo entre los velos».

Entonces, el viajante debe seguir al guía hasta el interior del laberinto.

En el primer giro, el viajante y la guía deben encontrarse con una anciana. Esta debe decirle: «¿Cómo estás, viajero?». El alma debe responderle saludando con educación a la anciana y pidiéndole su bendición en su camino. Entonces, ella señalará al siguiente giro y dirá: «Adelante, necesitas hablar con tus muertos primero».

Entonces, el viajero podría protestar y decir que ha fallecido. Si ese es el caso, la anciana debe mirarle de arriba abajo, resoplar y decir: «¡Ni hablar!».

En el siguiente giro, debería haber una bandeja llena de fotos de ancestros o héroes antiguos, decorada con flores, libros, velas y pequeñas reliquias familiares. Tiene que haber cojines para sentarse frente a la bandeja y un pequeño montón de luces LED.

El guía tiene que señalar el altar y decir: «Siéntate y habla con paz. Tus ancestros te han estado esperando para escucharte. Asegúrate de iluminar su camino antes de irte». Entonces, el guía tiene que sacar un reloj de arena, colocarlo en el centro de la mesa y decir: «Adelante, ¡no tienen mucho tiempo!».

El guía deberá permitir que el alma presente sus respetos a sus antepasados hasta que se agote la arena del reloj. Entonces, deberá recogerlo y decir: «¡Tienes que marcharte ya! No tienen toda la eternidad». Tendrá que asegurarse de que la persona encienda una luz LED y la deje sobre la bandeja.

Después, el viajero debería doblar otra esquina o dos antes de encontrarse con una mujer barajando unas cartas. Ella no debe decir nada, simplemente ponerse una venda y tender una baraja de cartas del tarot. El viajero debe escoger una carta, mirarla con atención, y después devolverla a la baraja.

Tras la siguiente esquina, un hombre con cuernos vestido de verde oscuro levanta un espejo y sonríe. Deberá decir: «¡Mira! Esta es tu verdad». Nuevamente, el guía sacará un reloj de arena, y el viajero tendrá que mirarse en el espejo dentro del laberinto en penumbra hasta que se agote la arena.

Tras la siguiente esquina, una persona vestida como la Parca con la guadaña debería bloquear el camino. El segador tendrá que decirle al guía: «Tengo que hablar con el alma». El guía se apartará a un lado, y entonces la Parca le dirá al viajero: «Ven conmigo». El viajero tendrá que seguirle hasta doblar otra esquina y llegar a una mesa donde solo habrá un tarro, papel, rotuladores y una luz LED lo bastante brillante como para escribir con ella.

La Parca tendrá que señalar a la mesa y decir antes de apartarse a un lado: «Déjalo aquí». Cuando el alma haya escrito sus problemas en un pedazo de papel y lo haya dejado en el tarro, el segador tendrá que decir: «A partir de ahora, deberás ir solo».

Entonces, el alma tendrá que seguir el camino que señale la guadaña. Cuando doble la esquina, se encontrará con el altar en el centro del laberinto.

En el altar central tiene que haber una balanza manual, una representación del Señor y la Dama, un cuenco, una pluma y un pequeño amuleto en forma de corazón (mejor si es anatómicamente correcto). La pluma y el corazón tienen que estar equilibrados en cada lado de la balanza.

Frente a la balanza tiene que haber un pequeño cartel que ponga: «Recibe a la oscuridad con tu luz». Una flecha al final debe señalar a otro montoncito de luces LED en forma de velitas.

Frente al cuenco tiene que haber un cartel que diga: «Para regresar a la tierra de los vivos, tendrás que dejar algo en la tierra de los muertos». Entonces, el viajero debe decidir lo que quiere dejar en el cuenco, ya sea un mechón de pelo, otra moneda, un cordón del zapato, un botón o algún otro recuerdo.

Cuando haya terminado, el alma tendrá que seguir recorriendo el laberinto, dirigiéndose hacia el lado opuesto del camino.

Al doblar la esquina, un personaje vestido de algo parecido a una esfinge se interpondrá en su camino, impidiéndole el paso. La esfinge le dirá: «¡Cuéntame una historia! Cuéntame una historia, o yo te plantearé un acertijo».

Cuando el viajero le haya contado una historia o haya respondido al acertijo, la esfinge deberá dejarle pasar. Si la persona ha escogido el acertijo y responde mal, entonces a la esfinge le exigirá un tributo. Este tributo puede ser un objeto cualquiera que la persona le ofrezca.

Tras doblar la siguiente esquina, el Abuelo aparecerá en su camino. Tendrá que decirle: «Ha llegado el momento de enseñarte». A continuación, tendrá que darle una sencilla lección sobre algo útil o alguna travesura: hacer un nudo, silbar, contar un chiste, cómo sujetar correctamente una navaja. Tiene que ser algo corto, y si la persona no lo consigue en el primer intento, el Abuelo simplemente deberá sonreír y decirle: «Te hace falta algo de práctica. Ya lo conseguirás». Entonces, deberá entregarle a la persona algo de la lección y dejar que el alma continúe con su viaje.

Justo antes de llegar a la entrada, la Gran Madre tendrá que aparecer en el camino. Le dirá al alma: «En mí son creadas todas las cosas, y a mí regresarán todas las cosas». Entonces, tendrá que ungir la cabeza de la persona con agua y después apartarse a un lado mientras esta sale del laberinto y vuelve al espacio cotidiano.

Dentro del laberinto debería haber un observador que compruebe cómo están cada uno de los arquetipos cada tres o cuatro viajeros. Fuera, debería haber un observador que guíe a los viajeros hasta una mesa lejos de las personas que aún no han entrado en el laberinto. En la mesa debería haber aperitivos ligeros y salidos de la tierra (las nueces y las manzanas son alimentos apropiados).

Hay que dejar un cuaderno pequeño y un bolígrafo en cada puesto de la mesa para que el viajero pueda anotar sus experiencias dentro del laberinto, junto a cualquier observación significativa que haya resultado de ellas.

Cuando el último viajero haya terminado el trayecto, el sacerdote o la sacerdotisa que haya bendecido el laberinto tendría que rociar con agua la entrada/salida y el centro del laberinto, y decir en el centro:

Por el Señor y la Dama,
vivimos en gratitud por lo que nos has enseñado esta noche.
Por los Poderosos Muertos, nos honra que hayáis caminado con
nosotros.
Por las fuerzas de la naturaleza, os agradecemos vuestra
amabilidad.
Liberamos a todos los arquetipos, todos los espíritus, todas las
presencias

que habéis venido para el trabajo de esta noche,
y regresamos alegremente a nuestros seres.
¡Que así sea!

Entonces, todas las personas involucradas tienen que sentarse para comer juntas. Después de que todo el mundo se haya comido su ración, desmontad el laberinto. Dad las monedas que pueda haber a la caridad o a los niños que vengan de truco o trato. Los demás objetos que hayan dejado los viajeros tendrán que meterse en una botella que después se sellará con cera y se enterrará.

El Samhain es el lado serio de esta temporada. Halloween equilibra esa solemnidad con su naturaleza frívola y festiva. Un lado necesita al otro para completar nuestro sentido del equilibrio durante esta festividad. Esta comunión del lado divertido con el serio nos proporciona la fuerza que necesitamos para avanzar en la Rueda del Año hacia la oscuridad. Desde el 31 de octubre hasta noviembre tenemos una temporada de lo que más tememos muchos de nosotros: lo desconocido. No sabemos si tendremos todo lo que necesitamos para superar el invierno. No sabemos con seguridad lo duro que va a ser el invierno. No sabemos de forma exacta cuándo terminará el invierno.

Nadie sabe realmente lo que nos aguarda más allá de la vida, aunque algunos de nosotros creemos que podríamos haber recibido alguna pista que otra. El Samhain nos ayuda a enfrentarnos a eso al recordarnos que nunca estamos solos: nuestros ancestros sobrevivieron durante mucho tiempo antes de que llegáramos nosotros, y su recuerdo todavía sigue vivo para ayudarnos a continuar con nuestra propia supervivencia.

¡Feliz Halloween y bendito Samhain!

CORRESPONDENCIAS
PARA EL SAMHAIN

...ation, wisdom, renewal, preservation, hunting, other worlds,

...release from old bonds, road openings, fire, protection su...

...scorpio, sun sign of scorpio, dark moon, pleiades at highe...

...midnight, the crone, the grieving mother, the grieving wife,

...Persephone and Hades, Ereshkigal, Osiris, Janus, Cer...

...nnos, the Daghda, Hecate, Dis Pater, Hel, Inanna, ...

...Lilith, Macha, Mari, the Morrigan, Osiris, Isis, ...

...annon, Damana, Teutates, Taranis, the Horned God, th...

...nge-brown, yellow, grey, green, cedar, dittany of crete, sag...

...wheat, rye, pumpkins, hazel, hemlock, chrysanthemum, ca...

...old, jet, obsidian, onyx, carnelian, moonstone, iron, black ...

...sels, ravens, decaying leaves, myrrh, copal, death, wheel of ...

...priestess, cauldron, mask, besom, apple, pumpkin, fermented ...

...t, pickled eggs, pickled beets, roasted nuts, raw nuts, app...

...d, divination, soul cakes, sugar skulls, jack-o-lanterns, t...

...lling, seances, scrying, bonfires, trick-or-treating, mummer ...

...ff gravesites, dedicate memorials, visit nursing homes, son...

...n gaef, calan gaef, gealach a ruadhain, calan gaef, hala...

Concentración espiritual y palabras clave

Ancestros
Cacería
Cambio
Comienzos
Coraje
Descanso
Duelo
Finales
Hadas
Muerte
Otros mundos
Protección
Reencarnación
Sabiduría
Supervivencia

Concentración mágica

Amor
Confrontación
Esperanza
Interdependencia
Liberar viejas ataduras

Preparación
Protección
Renovación
Sanación

Acciones sugeridas

Adivinación
Apertura de caminos
Fuego necesario

Momentos astrológicos y planetas asociados

Sol a 15 grados de Escorpio; signo solar de Escorpio (inicial); luna oscura, Pléyades en el punto más alto del cielo a medianoche.

Arquetipos

FEMENINOS
La Anciana
La Esposa de Luto
La Madre de Luto
La Mujer de Blanco

MASCULINOS
El Cazador
El Granjero
El Rey de las Hadas

ANDRÓGINOS/MIXTOS
La Bruja
La Cacería Salvaje
El Niño Cambiado
La Parca

Deidades y héroes

DIOSAS
Cerridwen (galesa)
Deméter (griega)
Ereshkigal (sumeria)
Hécate (griega)
Hel (nórdica)
Inanna (sumeria)
Ishtar (babilonia)
Isis (egipcia)
Kali (hindú)
Lilith (babilonia)
Macha (irlandesa)
Mari (feri)
Morrigan (irlandesa)
Perséfone (griega)
Pomona (romana)
Psique (griega)
Rhiannon (galesa)
Samana (hindú)

DIOSES
Cernunnos (celta)
Daghda (irlandés)
Dis Pater (romano)
Hades (griego)
Janus (romano)
Osiris (egipcio)
El Rey Cornudo
Taranis (celta)
Tutatis (celta)

Colores

Amarillo: cambio, armonía, salud, esperanza, luz, optimismo, transición.

Gris: neutralidad, descanso, silencio, tormentas, descruzar, el Velo.

Marrón: ancestros, descomposición, tierra, pueblo de las hadas, sanación, hibernación, naturaleza, raíces.

Naranja: aliados, cambio, deleite, fuego del hogar, calidez interior, sustento, transformación, transición.

Negro: mitad más oscura del año, duelo, invierno inminente, luto, noche, protección del mal, sueño.

Plateado: la Diosa, el yo interior, espejos, la luna, trabajo, sombras.

Hierbas

Ajenjo: creatividad, profundidad, adivinación, perspectiva, purificación, visiones.

Ajo: limpieza, protección, purificación.

Artemisa: adivinación, sanación, percepción, meditación.

Hiniesta: limpieza, humildad, invocar la buena suerte.

Milenrama: coraje, resistencia, exorcismo, sanación de heridas emocionales, el Rey Cornudo, pedir deseos.

Mirra: limpieza, adivinación, embalsamar, funerales, renacimiento.

Orégano de Creta: comunicación, adivinación.

Romero: sanación, memoria, estimulación mental.

Salvia: sanación, purificación, espiritualidad.

Árboles

Avellano: fertilidad, matrimonio feliz, suerte, sabiduría.

Cedro: conservación, protección, purificación.

Cicuta (altamente venenoso)*:* proyección astral, la Anciana, el Velo, sabiduría.

Plantas

Caléndula: limpieza, purificación, restauración, seguridad.
Clavel del moro: la Anciana, sanación del duelo, honrar el enveje-
cimiento, protección.
Crisantemo: alegría, amistad, descanso.

Cristales y piedras

Azabache: absorción, adivinación, protección contra las pesadi-
llas, reflexión, sombras.
Cornalina: sanación, paz, protección, sexualidad.
Obsidiana: profundidad, adivinación, arraigo.
Ónice: protección, autodefensa, autodisciplina.
Piedra lunar: equilibrio, adivinación, influencia femenina, la
Diosa, sanación, conocimiento oculto, perspectiva.

Metales

Hierro: protección (especialmente contra las hadas).
Plata: Hadas, la Diosa, mundos espejo.

Animales, tótems y criaturas míticas

Arañas: asociadas con la diosa egipcia Neith como tejedora del
destino; las telarañas se utilizan a menudo en hechizos tradicionales, especialmente para atar a la gente problemática o para
expulsar el daño de un hogar.
Búhos: el ave dedicada a la diosa Atenea; nocturna, especialmente
visible a finales de la temporada de otoño, ya que los árboles ya no
los ocultan con sus hojas.
Cuervos: el ave dedicada a Morrigan, que a veces aparece en forma
de cuervo; se cree que representa las almas de los muertos y que
transmite mensajes desde más allá del Velo hasta los vivos.
Gatos negros: asociados con la brujería, las supersticiones hablaban

de personas con poderes mágicos que se transformaban en gatos o los adoptaban como sus espíritus familiares.

Aromas para aceites, inciensos, mezclas de aromas o para hacer que floten en el aire

Agujas de pino
Canela
Clavo
Copal
Hojas secas
Miel caliente
Mirra

Claves del tarot

La Muerte
La Rueda de la Fortuna
La Suma Sacerdotisa

Símbolos y herramientas:

Caldero: descender al inframundo y emerger cambiados, transformación.
Escoba: limpiar la energía vieja e invitar a la nueva.
Máscara: adoptar una personalidad diferente, conseguir perspectiva espiritual mediante un cambio dramático de personalidad.

Comidas

Alimentos fermentados: chucrut, huevos encurtidos, remolacha encurtida
Calabazas
Frutos secos crudos
Frutos secos asados
Manzanas

Bebidas

Sidra de manzana
Lana de cordero

Actividades y tradiciones para practicar

Adivinación de todas las clases
Calaveras de azúcar
Cena muda
Cristalomancia
Espiritismo
Faroles
Galletas de Todos los Santos
Hogueras
Lámparas de calabaza
Lugar extra en la mesa para los antepasados
Mummers
Pesca de manzanas
Truco o trato

Actos de servicio

Dedicar homenajes
Limpiar las tumbas
Ofrecer comida a los muertos
Visitar residencias

Nombres alternativos del Samhain en otras tradiciones paganas

Allantide (celta)
Calan Gaef (celta)
Calan Gwaf (celta)
Festín de Mongfind (celta)
Gealach a Ruadhain (celta)

Kala-Goanv (celta)
Nos Calan Coef (celta)
Nos Calan Gaef (celta)
Nos Cyn Calan Gaual (celta)
Nos Galan Gaeof (celta)
Oidche Shamhna (celta)
Oie Houney (manés)
Samhainn/Samhuinn (gaélico)
Samtheine (celta)
Sauin
Tercera Cosecha
Trinouxtion Samonii (italiano)

Festividades o tradiciones que ocurren durante el Samhain en el Hemisferio Norte:

RELIGIOSAS
All-Holland Day (inglés)
Dziady de otoño (eslavo)
Boedromion (heleno)
Fiesta de las sombras (italiano)
Hallazgo de invierno (neopaganos nórdicos)
Diwali (a finales de octubre o principios de noviembre, según el año hindú)
Día de Todos los Santos (1 de noviembre, católico)
Día de los Fieles Difuntos (2 de noviembre, católico; 4 de noviembre en Portugal)
Día de Muertos (1 de noviembre, mexicano/católico)
Fiesta de San Martín (11 de noviembre, católico)
Festival de Hécate (30 de noviembre, heleno)

PROFANAS
Noche de los Mendigos (Estados Unidos rural)
Día de No Comprar Nada (Estados Unidos)
Punkie Night (Gales/Escocia)

Noche del repollo (30 de octubre, Escocia)
Noche del tallo de repollo (30 de octubre, Nueva Escocia)
Noche de las ravesuras (31 de octubre, Reino Unido)
Halloween (31 de octubre)
Hop-tu-Naa (31 de octubre, Isla de Man)
Noche del cascanueces (31 de octubre, Reino Unido)
Día de Guy Fawkes (5 de noviembre, Reino Unido)
Día del Armisticio (11 de noviembre, Estados Unidos)
Hollantide (11 de noviembre, Cornualles)
Día del Recuerdo (11 de noviembre, Mancomunidad Británica de Naciones)
Día del Veterano (11 de noviembre, Estados Unidos)
Acción de Gracias (último jueves de noviembre, Estados Unidos)

Festividades o tradiciones que ocurren durante el Samhain en el Hemisferio Sur:

RELIGIOSAS
Pascua cristiana y Pascua judía (en los años que tienen lugar a finales de abril)
Pentecostés y Shavuot (en los años que tienen lugar a finales de mayo)

PROFANAS
Día de la Tierra (22 de abril)
Día Anzac (Australia y Nueva Zelanda, 25 de abril)
Día de la Madre (muchos países del hemisferio sur lo celebran el segundo domingo de mayo)

MÁS LECTURAS

Libros

Bradbury, Ray. *The Halloween Tree*. New York: Yearling, 1999.

Bradbury, Ray. *Something Wicked This Way Comes*. Nueva York: Avon, 1962.

Campanelli, Pauline. *Ancient Ways: Reclaiming the Pagan Tradition*. St. Paul, Minnesota: Llewellyn Publications, 1991.

Carmichael, Elizabeth, and Chloë Sayer. *The Skeleton at the Feast: The Day of the Dead in Mexico*. Austin, Texas: University of Texas Press, 1991.

Country Living. *Happy Halloween: Enchanting Pumpkins and*

Decorations Plus Lots of Other Spine-Tingling Ideas. Nueva York: Hearst Books, 2009.

Ferguson, Diana. (1996). *The Magickal Year: A Pagan Perspective on the Natural World.* York Beach, Maine: Samuel Weiser, 1996.

Irving, Washington. *The Legend of Sleepy Hollow and Other Stories.* Nueva York: Penguin, 2013.

Markale, Jean. *The Pagan Mysteries of Halloween: Celebrating the Dark Half of the Year.* Rochester, Vermont: Inner Traditions, 2001.

RavenWolf, Silver. *Halloween!* St. Paul, Minnesota: Llewellyn Worldwide, 1999.

Skal, David J. *Death Makes a Holiday: A Cultural History of Halloween.* Nueva York: Bloomsbury, 2002.

Woodfield, Stephanie. *Celtic Lore & Spellcraft of the Dark Goddess.* Woodbury, Minnesota: Llewellyn Worldwide, 2011.

Yeats, William Butler. *Celtic Twilight.* Londres: Echo Library, 1942.

Internet

Burns, Robert. «Halloween». Burns Country. http://www.robert-burns.org/works/74.shtml

Flexner, Hortense King. «All Souls' Night, 1917». Poets.org. http://www.poets.org/poetsorg/poem/all-souls-night-1917
Poe, Edgar Allan. «Spirits of the Dead». Poetry Foundation.

Accedido el 20 de agosto de 2014, http://www.poetryfoundation.org/poem/178358

Riley, James Whitcomb. «Little Orphant Annie». Poetry Archive. Accedido el 20 de agosto de 2014, http://www.poetry-archive.com/r/little_orphant_annie.html.

Sandburg, Carl. «Theme in Yellow». Poetry Foundation. Accedido el 20 de agosto de 2014, http://www.poetryfoundation .org/poem/174308.

Tornquist, L. C. «Day of the Dead in the USA: The Migration and Transformation of a Cultural Phenomenon» de Regina M. Marchi. *Journal for the Scientific Study of Religion*, 49(2010): 771 772. doi: 10.1111/j.1468-5906.2010.01546_1.x.

Wigington, Patti. «Samhain History». Accedido el 14 de agosto de 2014. http://paganwiccan.about.com/od/samhainoctober31/p/Samhain_History.htm

Witches' Voice. «Samhain Events 'Round the World...» http://www.witchvox.com/vn/vn_evw/ev_samhain.html

BIBLIOGRAFÍA

Libros

Beck, Jane C. «The White Lady of Great Britain and Ireland». *Folklore* 81, n.º 4 (invierno de 1970): 292-306.

Best, Joel, y Gerald T. Horiuchi. «The Razor Blade in the Apple: The Social Construction of Urban Legends». *Social Problems* 32, n.o 5 (junio de 1985): 488-499.

Brand, John. *Brand's Popular Antiquities of Great Britain: Faiths and Folklore: a Dictionary*. Londres: Reeves & Turner, 1905.

Campbell, John Gregerson. *Witchcraft & Second Sight in the Highlands & Islands of Scotland: Tales and Traditions Collected*

Entirely from Oral Sources. Glasgow: James MacLehose & Sons, 1902.

Chambers, Robert. *Chambers Encyclopedia: A Dictionary of Universal Knowledge*. Vol. X. Philadelphia: J. B. Lipincott, 1912.

Cunningham, Scott. *Cunningham's Encyclopedia of Magickal Herbs*. Woodbury, Minnesota: Llewellyn, 2012.

De la Saussaye, Pierre Daniel. *The Religion of the Teutons*. Vol. III. Traducción de Bert J. Vos. Nueva York: Ginn & Company, 1902.

Dickson, Charles. «A Note on Irish Cromleacs». *Ulster Journal of Archaeology* 12, n.º 4. (Octubre de 1906): 156-159.

Dyer, Thomas Firminger Thiselton. *British Popular Customs Present and Past*. Londres: George Bell and Sons, 1900.

Folkard, Richard. *Plant Lore, Legends, and Lyrics*. Londres: Sampson Low, Marston, Searle, and Rivington, 1884.

Galembo, Phyllis. *Dressed for Thrills: 100 Years of Halloween Costumes and Masquerades*. Nueva York: Abrams, 2002.

Gray, Louis Herbert. *The Mythology of All Races*. Vol. III: Celtic Slavic. Boston: Marshall Jones Company, 1918.

Griffin, Robert H., y Ann H. Shurgin. *The Folklore of World Holidays*. Detroit, Michigan: Gale, 1998.

Hardwick, Charles. *Traditions, Superstitions, and Folklore: Chiefly Lancashire and the North of England*. Londres: Simp kin, Marshall, & Co., 1872.

Henderson, *William. Notes on the Folklore of the Northern Counties of England and the Borders.* Londres: W. Satchel, Peyton, 1879.

Hope, Robert Charles. *The Legendary Lore of the Holy Wells of England.* Londres: Elliot Stock, 1893.

Howard, Michael. *The Sacred Ring: The Pagan Origins of British Folk Festivals & Customs.* Freshfields, Chieveley, Berks: Capall Bann Publishing, 1995.

Hoyt-Goldsmith, Diane. *Day of the Dead: A Mexican-American Celebration.* Nueva York: Holiday House, 1994.

Kelley, Ruth Edna. *The Book of Hallowe'en.* Boston: Lothrop, Lee & Shepard, 1919.

Thomas, Daniel Lindsey, y Lucy Blayneye Thomas. *Kentucky Superstitions.* Princeton, Nueva Jersey: Princeton University Press, 1920.

MacLean, John Patterson. *An Epitome of the Superstitions of the Highlanders.* Franklin, Ohio: [s.n.], 1917.

Mann, A.T. *The Sacred Language of Trees.* Nueva York: Sterling, 2012.

Morton, Lisa. *The Halloween Encyclopedia.* Jefferson, Carolina del Norte: McFarland, 2003.
—. *Trick or Treat: A History of Halloween.* Londres: Reaktion Books, 2013.

O'Hanlon, John. *Irish Folk Lore: Traditions and Superstitions of the Country with Humorous Tales.* Londres: Glasgow: Cameron & Ferguson, 1870.

O'Hanlon, John. *The Poetical Works of Lageniensis*. Dublín: James Duffy & Co., 1893.

Smiddy, Richard. *The Druids, Ancient Churches, and Round Towers of Ireland*. Londres: Simpkin, Marshall & Co., 1873.

Squire, Charles. *The Mythology of the British Islands: an Introduction to Celtic Myth, Legend, Poetry, and Romance*. Londres: Blackie and Son, 1905.

Travers, Len. *Encyclopedia of American Holidays and National Days*. Vol. 2. Westport, Connecticut: Greenwood Press, 2006.

Wilde, Jane Francesca Elgee. *Ancient Legends, Mystic Charms, and Superstitions of Ireland*. Londres: Ward and Downey, 1887.

Worth, Valerie. *The Crone's Book of Words*. St. Paul, Minnesota: Llewellyn, 1971.

Internet

AmericanCatholic. «Solemnity of All Saints». Accedido el 27 de julio de 2014. http://www.americancatholic.org/features/saints/saint.aspx?id=1186.

Bonewits, Isaac. *A Neopagan Druid Calendar 2.4.1* Accedido el 31 de julio de 2014. http://www.neopagan.net/NeoDruidismCalendar.html.

Celtic Myth and Moonlight. «Samhain». Accedido el 26 de julio de 2014. http://www.celticmythmoon.com/holidays.html#Samhain.

Chang, Susan T. «Soul Cakes: Hallowed Offerings for Hungry Ghosts». National Public Radio, octubre de 2007. Accedido el 24 de julio de 2014. http://www.npr.org/templates/story/story.php?storyId=15536354.

Church Year. «News and Current Major Holy Days». Accedido el 27 de julio de 2014. http://churchyear.net/.

Cuhulain, Kerr. «Satan's Fantasies». Witches' Voice. Accedido el 18 de noviembre de 2014. http://www.witchvox.com/va/dt_article.html?a=cabc&id=4756.

Dennisson, Georgie. «The Spiral Dance through the Years». *Reclaiming Quarterly.* http://www.reclaimingquarterly.org/web/spiraldance/spiral5.html.

Dullahan. «The Dullahan». Accedido el 18 de noviembre de 2014. http://dullahan.com.

Faerywolf, Storm. «Lifting the Veil: Ancestral Magic in the Faery Tradition». *Feri: American Traditional Witchcraft.* http://www.feritradition.com/grimoire/deities/essay_lifting_veil.html.

Fany, Gerson. «Pan de Muerto». *Fine Cooking* 107 (2008) Accedido el 24 de julio de 2014. http://www.finecooking.com/recipes/pan-de-muerto.aspx.

Fox, Selena. «Celebrating Samhain». Circle Sanctuary. https://www.circlesanctuary.org/index.php/celebrating-the-seasons/celebrating-samhain.

Frazer, James George, Sir. The Golden Bough. New York: Macmillan, 1922; Bartleby.com, 2000. http://www.bartleby.com/196/.

Gaiman, Neil. «A Modest Proposal (that doesn't actually involve eating anyone)». Neil Gaiman (blog), 23 de octubre de 2010. http://journal.neilgaiman.com/2010/10/modest-proposal-that-doesnt-actually.html.

Gray, Elizabeth A. *The Second Battle of Mag Tuired*. Sacred Texts. http://www.sacred-texts.com/neu/cmt/cmteng.htm.

Haggerty, Bridget. «Putting Out the Hare, Putting On the Harvest Knots». Irish Culture and Customs. Accedido el 10 de diciembre de 2013, http://www.irishcultureandcustoms.com/ACustom/AfterHarvest.html.

Johnson, Honor. «Morrighan». The Order of Bards, Ovates & Druids. http://www.druidry.org/library/gods-goddesses/Morrighan.

Johnston, Pamela. «Halloween Misinformation Abounds, Confuses». Fresno Pacific University, October 2007. Accedido el 19 de agosto de 2014. http://news.fresno.edu/10/15/2007/halloween-misinformation-abounds-confuses.

Jones, Mary. «Samhain». En *Jones's Celtic Encyclopedia*, 2004. http://www.maryjones.us/jce/samhain.html.

Kenyon, Chelsie. «Sugar Skulls: How to Make Sugar Skulls Step-by-step for Dia de los Muertos». About.com. Accedido el 2 de diciembre 2014. http://mexicanfood.about.com/od/sweetsand-desserts/ss/candyskullhowto.htm.

McCoy, Dan. «Death and the Afterlife». *Norse Mythology*. Accedido el 15 de julio de 2014. http://norse-mythology.org/concepts/death-and-the-afterlife/.

Mackenzie, Donald. *Egyptian Myth and Legend* (1907). Accedido el 18 de noviembre de 2014. http://www.sacred-texts.com/egy/eml/eml01.htm.

Mobley, Arlene. «How to Clean and Roast Pumpkin Seeds». *Flour on My Face*. http://flouronmyface.com/2012/10/how-to-clean-and-roast-pumpkin-seeds.html.

Museum of Art and Archaeology. «Journey to the Field of Reeds: Death and the Afterlife in Ancient Egypt». Accedido el 15 de julio de 2014. https://maa.missouri.edu/?q=node/238.

NicDhàna, Kathryn Price, and Erynn Rowan Laurie. «What Do You Do for Samhain?». The CR FAQ: An Introduction to Celtic Reconstructionist Paganism. Accedido el 27 de julio de 2014. http://www.paganachd.com/faq/ritual.html#samhain.

Odin's Volk. «Harvestfest / Winter Nights». Accedido el 26 de julio de 2014. http://odinsvolk.ca/O.V.A.%20-%20SACRED%20CALENDER.htm#Winter%20Nights.

Online Etymology Dictionary. «Samhain». http://etymonline.com/index.php?allowed_in_frame=0&search=samhain&search-mode=none.

Order of Bards, Ovates & Druids. «Samhain». http://www.druidry.org/druid-way/teaching-and-practice/druid-festivals/samhain.

Poland. «All Saints' Day». Accedido el 27 de julio de 2014. http://polandpoland.com/allsaintsday.html.

Recipes 4 Living. «Tremendous Irish Griddle Cakes Recipe».

Accedido el 24 de julio de 2014. http://www.recipe4living.com/
recipes/tremendous_irish_griddle_cakes_recipe.htm.

Temperance, Elani. «The Festivals of Early Boedromion». Baring
the Aegis (blog). http://baringtheaegis.blogspot.com/2013/09/
the-festivals-of-early-boedromion.html.

Traditional Witch. «Samhain». Accedido el 31 de julio de 2014.
http://www.traditionalwitch.net/_/esoterica/festivals-sabbats/
samhain-r37.

University of Minnesota, Duluth. «Ancient Greece». Accedido el 15 de julio de 2014. http://www.d.umn.edu/~sava0089/
Ancient%20Greece.html.

Vannin, Ellan. «What's the Difference Between Hop tu Naa and
Halloween?». BBC: *Isle of Man*. Actualizado por última vez el
21 de octubre de 2010. http://news.bbc.co.uk/local/isleofman/hi/
people_and_places/newsid_9102000/9102820.stm.

Villalba, Angela. «Sugar Skull Recipe». Mexican Sugar Skull.
Accedido el 19 de agosto de 2014. http://www.mexicansugars-
kull.com/sugar_skulls/instructions.html.

Walsh, Jane. «Traditional Colcannon Irish Recipe». Irish Central. Accedido el 21 de julio de 2014. http://www.irishcentral.
com/culture/food-drink/colcannon-traditional-irish   -recipe-
118184429-237376811.html.

LOS OCHO SABBATS

IMBOLC

Una completa guía para la celebración de la fiesta del despertar de la tierra
Rituales, recetas y tradiciones para el tiempo de la Candelaria

❧

OSTARA

Una completa guía para la celebración del equinoccio de primavera
Rituales, recetas y tradiciones para la Pascua pagana

❧

BELTANE

Una completa guía para la celebración de la estación luminosa
Rituales, recetas y tradiciones para primeros
de mayo: la fiesta de la fertilidad

❧

SOLSTICIO DE VERANO

Una completa guía para la celebración de Litha: la noche más corta del año
Rituales, recetas y tradiciones para el tiempo de San Juan

❧

LUGHNASADH

*Una completa guía para la celebración de Lammas:
la festividad de la primera cosecha.*
Rituales, recetas y tradiciones para agradecer
y festejar la abundancia de la tierra

ᐒ

MABON

Una completa guía para la celebración del equinoccio de otoño
Rituales, recetas y tradiciones para dar la
bienvenida al letargo de la naturaleza

ᐒ

SAMHAIN

Una completa guía para la celebración de Halloween
Rituales, recetas y tradiciones para dar la
bienvenida a la mitad oscura del año

ᐒ

YULE

Una completa guía para la celebración del solsticio de invierno
Rituales, recetas y tradiciones para la Navidad pagana

Mejor es la buena fama que el perfumado ungüento,
y el tiempo de muerte que el tiempo de nacimiento.

Mejor es ir a una casa de luto a velar que ir a celebrar una alegre festividad,
porque el recuerdo de la efimeridad te hará reflexionar.

Más vale llorar que reír,
pues tras una cara triste hay un corazón feliz.

Libro de Eclesiastés, 7. Antiguo Testamento.